Todos los libros de Linkgua Ediciones cuentan con modelos de Inteligencia Artificial entrenados por hispanistas. Pregúntale al chat de tu libro lo que desees acerca de la obra o su autor/a.

Para ebooks: Accede a nuestro modelo de IA a través de este enlace.

Para libros impresos: Escanea el código QR de la portada con tu dispositivo móvil.

Obtén análisis detallados de nuestros libros, resúmenes, respuestas a tus preguntas y accede a nuestras ediciones críticas generativas para una experiencia de lectura más enriquecedora.
La transparencia y el respeto hacia la autoría de las fuentes utilizadas son distintivos básicos de nuestro proyecto. Por ello, las respuestas ofrecen, mediante un sistema de citas, las fuentes con las que han sido elaboradas.

Luis de Góngora y Argote

Poemas

Edición de Isabel y Juan Millé y Giménez

Barcelona 2024
Linkgua-ediciones.com

Créditos

Título original: Poemas.

© 2024, Red ediciones S.L.

e-mail: info@linkgua.com

Diseño de cubierta: Michel Mallard.

ISBN tapa dura: 978-84-9953-697-2.
ISBN rústica ilustrada: 978-84-9629-092-1.
ISBN ebook: 978-84-9897-980-0.

Cualquier forma de reproducción, distribución, comunicación pública o transformación de esta obra solo puede ser realizada con la autorización de sus titulares, salvo excepción prevista por la ley. Diríjase a CEDRO (Centro Español de Derechos Reprográficos, www.cedro.org) si necesita fotocopiar, escanear o hacer copias digitales de algún fragmento de esta obra.

Sumario

Créditos   4

Brevísima presentación   15
    La vida   15
    La obra   15

Poemas   17
    Ciego que apuntas y atinas   17
    La más bella niña   19
    Diez años vivió Belerma   21
    En el caudaloso río   27
    Erase una vieja   29
    Hermana Marica   31
    Ya no más, cegüezuelo hermano   35
    Andeme yo caliente   37
    Que pida a un galán Minguilla   39
    Da bienes Fortuna   43
    Vuela, pensamiento, y diles   45
    Allá darás, rayo   47
    A una casería, donde habitaba una dama a quien servía   49
    Al llanto y suspiros de una dama   51
    Al Sol, porque salió, estando con su dama, y le fue forzado dejarla   53
    Al tramontar del Sol, la ninfa mía   55
    A los celos   57
    De pura honestidad templo sagrado   59
    En la muerte de dos señoras mozas, hermanas, naturales de Córdoba   61
    Mientras por competir con tu cabello   63
    Oh claro honor del líquido elemento   65
    Que se nos va la Pascua, mozas   67

Raya, dorado Sol, orna y colora	69
Rey de los otros, río caudaloso	71
Suspiros tristes, lágrimas cansadas	73
Tras la bermeja Aurora el Sol dorado	75
A Juan Rufo, jurado de Córdoba	77
A unos álamos blancos	79
Amarrado al duro banco	81
Aquí entre la verde juncia	83
Cuál del Ganges marfil, o cuál de Paro	87
La desgracia del forzado	89
En la muerte de una señora que murió moza en Córdoba	91
Ilustre y hermosísima María	93
Ni en este monte, este aire, ni este río	95
Ya que con más regalo el campo mira	97
Servía en Orán al Rey	99
Manda Amor en su fatiga	101
A Juan Rufo, de su Austríada	103
A un caballero poeta, que en un soneto que hizo se fingió temeroso de tener en su amor atrevido el suceso de Ícaro	105
A un sueño	107
A una dama vestida de Leonado	109
A unos Álamos blancos	111
Con diferencia tal, con gracia tanta	113
No destrozada nave en roca dura	115
Noble desengaño	117
La dulce boca que a gustar convida	121
Aquel rayo de la guerra	123
A doña Catalina de la Cerda, dama de la reina	127
A una enfermedad de doña Catalina de la Cerda	129
Aunque a rocas de fe ligada vea	131
En dos lucientes estrellas	133
Entre los sueltos caballos	135

Sobre unas altas rocas	139
A Córdoba	141
Ensíllenme el asno rucio	143
En una enfermedad de don Antonio de Pazos, obispo de Córdoba	147
Criábase el albanés	149
A don Luis de Vargas	151
A la Tela de Justar de Madrid	153
Del marqués de Santa Cruz	155
Duélete de esa puente, Manzanares	157
Grandes, más que elefantes y que abadas	159
Por niñear, un picarillo tierno	161
Pensó rendir la mozuela	163
De la armada que fue a Inglaterra	167
En una aldea de corte	171
La villana de las borlas	175
De San Lorenzo el real del Escorial	179
Famosos son en las armas	181
Ah, mis señores poetas	185
A don Cristóbal de Mora	189
Muerto me lloró el Tormes en su orilla	191
Un buhonero ha empleado	193
A una casa de campo donde estaba una dama a quien celebraba	197
De un caminante enfermo que se enamoró donde fue hospedado	199
A una sangría de un pie	201
Ya de mi dulce instrumento	203
Cosas, Celalba mía, he visto extrañas	207
Cuantas al Duero le he negado ausente	209
A don Pedro Venegas, a cuya casa iaba a jugar algunos días	211
A la Arcadia, de Lope de Vega Carpio	215
Al montesanto de Granada	217
Burlándose de un caballero prevenido para unas fiestas	219
Al nacimiento de Cristo, Nuestro Señor	221

De unos papeles que una dama le había escrito, restituyéndoselos	223
Las tablas del bajel despedazadas	225
Los dineros del Sacristán	227
Dineros son calidad	229
¿Qué lleva el señor Esgueva?	231
Cura que en la vecindad	233
A las damas de la corte pidiéndoles favor para los galanes andaluces	235
A una dama que conoció niña y después vio mujer muy hermosa	237
En el sepulcro de la duquesa de Lerma	239
De los señores reyes don Felipe III y doña Margarita, en una montería	241
De una quinta del conde de Salinas, Ribera de Duero	243
De unas fiestas en Valladolid	245
Para lo mismo	247
En los pinares de Júcar	249
Jura Pisuerga a fe de caballero	253
Llegué a Valladolid; registré luego	255
Oh qué malquisto con Esgueva quedo	257
¿Vos sois Valladolid?	259
Una moza de Alcobendas	261
Al puerto de Guadarrama, pasando por él los condes de Lemus	263
De don Rodrigo Sarmiento, conde de Salinas	265
De puños de hierro ayer	267
A las fiestas del nacimiento del príncipe don Felipe Domínico Víctor, y a los obsequios hechos al embajador de Inglaterra (se le atribuye)	269
A la embarcación en que se entendió pasaran a nueva España los marqueses de Ayamonte	271
Al marqués de Ayamonte, partiendo de su casa para Madrid	273
Al marqués de Ayamonte que, pasando por Córdoba, le mostró un retrato de la marquesa	275
A doña Brianda de la Cerda	277
De la marquesa de Ayamonte y su hijas, en Lepe	279
A su hijo del marqués de Ayamonte, que excuse la montería	281

Al marqués de Ayamonte	283
Al marqués de Ayamonte, determinado a no ir a México	285
Convoca los poetas de Andalucía a que celebren al marqués de Ayamonte	287
De las pinturas y relicarios de una galería del cardenal don Fernando Niño de Guevara	289
A la marquesa de Ayamonte, dándole unas piedras bezares que a él le había dado un enfermo	291
A cierta dama que se dejaba vencer del interés antes que del gusto	293
A don Sancho Dávila, obispo de Jaén	295
A un fraile Franciscano, en agradecimiento de una caja de jalea	297
A un tiempo dejaba el Sol	299
Cuatro o seis desnudos hombros	303
Las flores del romero	305
Los montes que el pie se lavan	307
A Francisco de Quevedo	309
Al conde de Lemus, yéndole a visitar a Monforte	311
Al duque de Feria, de la señora doña Catalina de Acuña	313
De chinches y de mulas voy comido	315
De la jornada de Larache	317
De un caballero que llamó soneto a un romance	319
De una quinta que hizo el obispo don Antonio Venegas en burlada, lugar de su dignidad	321
En el cristal de tu divina mano	323
Los blancos lilios que de ciento en ciento	325
Señora doña puente segoviana	327
Son de Tolú, o son de Puertorrico	329
A la rigurosa acción con que san Ignacio redujo un pecador	331
Al padre Juan de Pineda, de la Compañía de Jesús, por haber antepuesto un soneto al que el poeta hizo en la beatificación de san Ignacio	333
De Madrid	335

En la muerte de Enrique IV, rey de Francia	337
A lo poco que hay que fiar de los favores de los cortesanos	339
En la partida del conde de Lemus y del duque de Feria a Nápoles y a Francia	341
En la muerte de doña Guiomar de Sa, mujer de Juan Fernández de Espinosa	343
Del túmulo que hizo Córdoba en las honras de la señora reina doña Margarita	345
En la misma ocasión	347
Al padre Francisco de Castro, de su Libro retórica	349
Al túmulo de Écija, en las honras de la señora reina doña Margarita	351
De la toma de Larache	353
Del túmulo que hizo Córdoba en las honras de la señora reina doña Margarita	355
Para la cuarta parte de la pontifical del doctor Babia	357
A don fray Pedro González de Mendoza y Silva, electo arzobispo de Granada muy mozo	359
De la toma de Larache	361
A don Antonio Venegas, obispo de Pamplona	363
Al poeta Pedro Soto de Rojas	365
Volviéndose a Francia el duque de Humena	367
Para un retrato de don Juan de Acuña, presidente de Castilla, hijo del conde de Buendía	369
Oh, bien haya Jaén, que en lienzo prieto	371
A la memoria de la muerte y del infierno	373
De la toma de Larache	375
A don Antonio de las Infantas, en la muerte de una señora con quien estaba concertado de casar en Segura de la Sierra	379
Fábula de Polifemo y Galatea	381
Dedicatoria al duque de Béjar	397

Soledades. Soledad primera   **399**

Soledades. Soledad segunda   435
   A don Pedro de Cárdenas, en un encierro de toros   467
   A la bajada de muchos caballeros de Madrid a socorrer la fuerza de la
   Mamora, cercada de moros   469
   A la purísima concepción de nuestra señora   471
   Inscripción para el sepulcro de Domínico Greco   473
   Llegué, señora tía, a la Mamora   475
   Para el principio de la historia del señor rey don Felipe II, de Luis de
   Cabrera   477
   Para lo mismo   479
   A don Diego Páez de Castillejo y Valenzuela, veinticuatro de Córdoba 481
   A don fray Diego de Mardones, obispo de Córdoba, dedicándole el
   maestro Risco un libro de música   483
   A Juan de Villegas, alcalde mayor de Luque, por don Egas Venegas,
   señor de aquella villa   485
   Alegoría de la primera de sus Soledades   487
   A un caballero de Córdoba que estaba en Granada   489
   De los que censuraron su Polifemo   491
   En la muerte de tres hijas del duque de Feria   493
   A don Luis de Ulloa, que enamorado se ausentó de toro   495
   De la capilla de Nuestra Señora del Sagrario, de la santa iglesia de
   Toledo, entierro del cardenal Sandoval   497
   Al conde de Lemus, viniendo de ser virrey de Nápoles   499
   Al conde de Villamediana, de su Faetón   501
   A fray Esteban Izquierdo, fraile Francisco, en agradecimiento de una
   bota de agua de azahar y unas pasas   503
   A Júpiter   505
   A Nuestra Señora de Atocha, por la salud del rey don Felipe III   507
   En la jornada de Portugal   509
   En la misma ocasión   511
   De don Francisco de Padilla, castellano de Milán   513
   A un pintor flamenco, haciendo el retrato de donde se copió el que va al

principio de este libro   515
Al doctor Narbona, pidéndole unos Albarcoques que había ofrecido enviarle desde Toledo   517
Al padre maestro Hortensio, de una audiencia del padre maestro fray Luis de Allaga, confesor del rey don Felipe III   519
De los mismos   521
En la muerte de un caballero mozo   523
De una dama que, quitándose una sortija, se picó con un alfiler   525
Del rey y reina nuestros señores en el Pardo, antes de reinar   527
En la fuerza de Almería   529
Al condede Villamediana, celebrando el gusto que tuvo en diamantes, pinturas y caballos   533
Al mismo   535
Al nacimiento de Cristo Nuestro Señor   537
Al tronco Filis de un laurel sagrado   539
En la muerte de una dama portuguesa en Santarén   541
De un jabalí que mató en el Pardo el rey Nuestro Señor   543
Tardándose el conde de Villaflor en volver a don Luis unos dineros que le había prestado en el juego   545
En el túmulo de las honras del señor rey don Felipe III   547
En la enfermedad de que murió el señor rey don Felipe III   549
En la muerte de don Rodrigo Calderón   551
De las muertes de don Rodrigo Calderón, del conde de Villamediana y conde de Lemus   553
Del conde de Villamediana, prevenido para ir a Nápoles con el duque de Alba   555
Acredita la esperanza con historias sagradas   557
Al excelentísimo señor el conde duque   559
Al marqués de Velada, herido de un toro que mató luego a cuchilladas   561
Dilatándose una pensión que pretendía   563
De la ambición humana   565
De la brevedad engañosa de La vida   567

De la esperanza	569
Determinado a dejar sus pretensiones y volverse a Córdoba	571
Infiere, de los achaques de la vejez, cercano el fin a que, católico, se alienta	573
Oro no rayó así flamante grana	575
De la jornada que su majestad hizo a Andalucía	577
Del casamiento que pretendió el príncipe de Gales con la serenísima infanta María, y de su venida	579
Casado el otro se halla	581

Coda 583

Ansares de Menga	585
El sastre	587
Mamóla	589
Frescos airecillos	593
Oh qué bien que baila Gil	597
Lloraba la niña	599
Luto poético	601
No vayas, Gil, al Sotillo	603

Libros a la carta 607

Brevísima presentación

La vida

Góngora y Argote, Luis de (Córdoba, 1561-1627). España. Hijo de Francisco de Argote, quien fue juez en Madrid y más tarde fue castigado por la Inquisición, adoptó el apellido de su madre.

Perteneció a una familia ilustre de origen judío y se dice que estudió con los jesuitas, aunque fue en la biblioteca paterna donde conoció a los autores clásicos y renacentistas.

Entre 1576 y 1580 frecuentó las aulas en Salamanca. Parece que su pasión por el juego y las mujeres le impidió terminar sus estudios. Recibió las órdenes mayores cuando su tío Francisco le cedió su cargo, pero no le atrajo la vida religiosa. Prefirió relacionarse con cómicos y toreros y disfrutar de la vida.

Tras visitar varias ciudades españolas vivió en Madrid (1617) y fue nombrado capellán de Felipe III gracias a la intercesión del duque de Lerma. A la muerte de éste buscó sin éxito el apoyo del conde-duque de Olivares. Su situación económica era muy precaria debido a su adicción al juego; en 1625 tuvo que desalojar su casa, que pasó a manos de Quevedo. Murió en Córdoba acosado por sus acreedores.

La obra

Góngora no publicó su obra en vida, aunque lo intentó en 1623. Sus versos se conocieron dispersos en manuscritos o impresos en hojas sueltas. Solo aparecieron en un libro el año en que murió, en una edición que preparó Juan López de Vicuña con el título de *Obras en verso del Homero español* (1627). Después Gonzalo de Hoces hizo otra edición de *Todas las obras de don Luis de Góngora en varios poemas* (1633).

La enemistad personal entre Góngora y Quevedo ha extendido la idea de que el conceptismo y el culteranismo eran dos tendencias opuestas. Góngora es la figura más conocida del culteranismo. En sus orígenes se trataba de un término peyorativo que aludía a obras de estilo artificioso y llenas de alusiones a la tradición clásica.

El *Libro de erudición poética* (1611), de Luis Carrillo y Sotomayor es el texto que mejor describe los principios del culteranismo. Según Carrillo, los lectores cultos y minuciosos deberían interpretar, con extrema paciencia, las referencias y metáforas del texto en una y otra lectura. Cabe añadir que no se trataba de «oscurecer» la literatura, sino que se suponía que ésta era «oscura» debido a su profundidad.

Poemas

Ciego que apuntas y atinas

Ciego que apuntas y atinas,
Caduco dios, y rapaz,
Vendado que me has vendido,
Y niño mayor de edad,
Por el alma de tu madre
—Que murió, siendo inmortal,
De envidia de mi señora—,
Que no me persigas más.
Déjame en paz, Amor tirano,
  Déjame en paz.
Baste el tiempo mal gastado
Que he seguido a mi pesar
Tus inquietas banderas,
Forajido capitán.
Perdóname, Amor, aquí,
Pues yo te perdono allá
Cuatro escudos de paciencia,
Diez de ventaja en amar.
Déjame en paz, Amor tirano,
  Déjame en paz.
Amadores desdichados,
Que seguís milicia tal,
Decidme, ¿qué buena guía
Podéis de un ciego sacar?
De un pájaro ¿qué firmeza?
¿Qué esperanza de un rapaz?

¿Qué galardón de un desnudo?
De un tirano, ¿qué piedad?
Déjame en paz, Amor tirano,
   Déjame en paz.
Diez años desperdicié,
Los mejores de mi edad,
En ser labrador de Amor
A costa de mi caudal.
Como aré y sembré, cogí;
Aré un alterado mar,
Sembré una estéril arena,
Cogí vergüenza y afán.
Déjame en paz, Amor tirano,
   Déjame en paz.
Una torre fabriqué
Del viento en la raridad,
Mayor que la de Nembrot,
Y de confusión igual.
Gloria llamaba a la pena,
A la cárcel libertad,
Miel dulce al amargo acíbar,
Principio al fin, bien al mal.
Déjame en paz, Amor tirano,
   Déjame en paz.

1580

La más bella niña

La más bella niña
De nuestro lugar,
Hoy viuda y sola
Y ayer por casar,
Viendo que sus ojos
A la guerra van,
A su madre dice,
Que escucha su mal:
Dejadme llorar
Orillas del mar.
Pues me distes, madre,
En tan tierna edad
Tan corto el placer,
Tan largo el pesar,
Y me cautivastes
De quien hoy se va
Y lleva las llaves
De mi libertad,
Dejadme llorar
Orillas del mar.
En llorar conviertan
Mis ojos, de hoy más,
El sabroso oficio
Del dulce mirar,
Pues que no se pueden
Mejor ocupar,
Yéndose a la guerra
Quien era mi paz,
Dejadme llorar
Orillas del mar.

No me pongáis freno
Ni queráis culpar,
Que lo uno es justo,
Lo otro por demás.
Si me queréis bien,
No me hagáis mal;
Harto peor fuera
Morir y callar,
Dejadme llorar
Orillas del mar.
Dulce madre mía,
¿Quién no llorará,
Aunque tenga el pecho
Como un pedernal,
Y no dará voces
Viendo marchitar
Los más verdes años
De mi mocedad?
Dejadme llorar
Orillas del mar.
Váyanse las noches,
Pues ido se han
Los ojos que hacían
Los míos velar;
Váyanse, y no vean
Tanta soledad,
Después que en mi lecho
Sobra la mitad.
Dejadme llorar
Orillas del mar.

1580

Diez años vivió Belerma

Diez años vivió Belerma
Con el corazón difunto
Que le dejó en testamento
Aquel francés boquirrubio.
Contenta vivió con él,
Aunque a mí me dijo alguno
Que viviera más contenta
Con trescientas mil de juro.
A verla vino doña Alda,
Viuda del conde Rodulfo,
Conde que fue en Normandía
Lo que a Jesu Cristo plugo;
Y hallándola muy triste
Sobre un estrado de luto,
Con los ojos que ya eran
Orinales de Neptuno,
Riéndose muy despacio
De su llorar importuno,
Sobre el muerto corazón
Envuelto en un paño sucio,
Le dice: «Amiga Belerma,
Cese tan necio diluvio,
Que anegará vuestros años
Y ahogará vuestros gustos.
Estése allá Durandarte
Donde la suerte le cupo;
Buen pozo haya su alma,
Y pozo que esté sin cubo.
Si él os quiso mucho en vida,
También le quisistes mucho,

Y si tiene abierto el. pecho,
Queréllese de su escudo.
¿Qué culpa tuviste vos
De su entierro, siendo justo
Que el que como bruto muere,
Que le entierren como a bruto?
Muriera él acá en París
A do tiene su sepulcro,
Que allí le hicieran lugar
Los antepasados suyos.
Volved luego a Montesinos
Ese corazón que os trujo,
Y enviadle a preguntar
Si por gavilán os tuvo.
Descosed y desnudad
Las tocas de lienzo crudo,
El mongilón de bayeta
Y el manto basto peludo;
Que aun en las viudas más viejas,
Y de años más caducos
Las tocas cubren a enero
Y los monjiles a julio;
Cuánto más a una muchacha
Que le faltan días algunos
Para cumplir los treinta años,
Que yo desdichada cumplo.
Seis hace, si bien me acuerdo,
El día de Santiñuflo,
Que perdí aquel mal logrado
Que hoy entre los vivos busco.
Holguéme de cuatro y ocho
Haciéndoles dos mil hurtos,

A las palomas de besos
Y a las tórtolas de arrullos.
Sentí su fin, pero más
Que muriese sin ver fruto,
Sin ver flujo de mi vientre,
Porque siempre tuve pujo;
Mas no por eso ultrajé
Mi buena tez con rasguños,
Cabal me quedó el cabello,
Y los ojos casi enjutos.
Aprended de mí, Belerma,
Holguémonos de consuno,
Llévese el mar lo llorado,
Y lo suspirado el humo.
No hiléis memorias tristes
En este aposento oscuro,
Que cual gusano de seda
Moriréis en el capullo.
Haced lo que en su fin hace
El pájaro sin segundo,
Que nos habla en sus cenizas
De pretérito y futuro.
Llorad su muerte, mas sea
Con lagrimillas al uso;
De lo mal pasado nazca
Lo por venir más seguro.
Pongámonos a la par
Dos toquitas de repulgo,
Ceja en arco, y manos blancas,
Y dos perritos lanudos.
Yedras verdes somos ambas,
A quien dejaron sin muros

De la Muerte y del Amor
Baterías e infortunios.
Busquemos por do trepar,
Que a lo que de ambas presumo
No nos faltarán en Francia
Pared gruesa, tronco duro.
La iglesia de San Dionís
Canónigos tiene muchos,
Delgados, cariaguileños,
Carihartos y espaldudos.
Escojamos como peras
Dos déligos capotuncios,
De aquestos que andan en mulas,
Y tienen algo de mulos;
Destos Alejandros Magnos,
Que no tienen por disgusto
Por dar en nuestros broqueles,
Que demos en sus escudos.
De todos los Doce Pares
Y sus nones abrenuncio,
Que calzan bragas de malla,
Y de acero los pantuflos.
¿De qué nos sirven, amiga,
Petos fuertes, yelmos lucios?
Armados hombres queremos,
Armados, pero desnudos.
De vuestra Mesa Redonda
Francos paladines huyo,
Donde ayunos os sentáis
Y os levantáis más ayunos.
La de cuatro esquinas quiero,
Que la ventura me puso

En casa de un cuatro picos,
De todos cuatro picudo;
Donde sirven la Cuaresma
Sabrosísimos besugos,
Y turmas en el Carnal,
Con su caldillo y su zumo».
Más iba a decir doña Alda,
Pero a lo demás dio un nudo,
Porque de don Montesinos
Entró un pajecillo zurdo.

1580

En el caudaloso río

En el caudaloso río
Donde el muro de mi patria
Se mira la gran corona
Y el antiguo pie se lava,
Desde su barca Alción
Suspiros y redes lanza,
Los suspiros por el cielo
Y las redes por el agua,
Y sin tener mancilla
Mirábale su Amor desde la orilla.
En un mismo tiempo salen
De las manos y del alma
Los suspiros y las redes
Hacia el fuego y hacia el agua.
Ambos se van a su centro,
Do su natural les llama,
Desde el corazón los unos,
Las otras desde la barca,
Y sin tener mancilla
Mirábale su Amor desde la orilla.
El pescador, entre tanto,
Viendo tan cerca la causa,
Y que tan lejos está
De su libertad pasada,
Hacia la orilla se llega,
Adonde con igual pausa
Hieren el agua los remos
Y los ojos de ella el alma,
Y sin tener mancilla
Mirábale su Amor desde la orilla.

Y aunque el deseo de verla,
Para apresurarle, arma
De otros remos la barquilla,
Y el corazón de otras alas,
Porque la ninfa no huya,
No llega más que a distancia
De donde tan solamente
Escuche aquesto que canta:
«Dejadme triste a solas
Dar viento al viento y olas a las olas.»
Volad al viento, suspiros,
Y mirad quién os levanta
De un pecho que es tan humilde
A partes que son tan altas.
Y vosotras, redes mías,
Calaos en las ondas claras,
Adonde os visitaré
Con mis lágrimas cansadas:
«Dejadme triste a solas
Dar viento al viento y olas a las olas.»
Dejadme vengar de aquélla
Que tomó de mi venganza
De más leales servicios
Que arenas tiene esta playa;
Dejadme, nudosas redes,
Pues que veis que es cosa clara
Que más que vosotras nudos
Tengo para llorar causas.
«Dejadme triste a solas
Dar viento al viento y olas a las olas.»

1580

Erase una vieja

De gloriosa fama,
Amiga de niñas,
De niñas que labran.
Para su contento
Alquiló una casa
Donde sus vecinas
Hagan sus coladas.
Con la sed de amor
Corren a la balsa
Cien mil sabandijas
De natura varia,
A que con sus manos,
Pues tiene tal gracia
Como el unicornio,
Bendiga las aguas.
También acudía
La viuda honrada,
Del muerto marido
Sintiendo la falta,
Con tan grande extremo,
Que allí se juntaba
A llorar por él
Lágrimas cansadas.

1580

Hermana Marica

Hermana Marica,
Mañana, que es fiesta,
No irás tú a la amiga
Ni yo iré a la escuela.
Pondraste el corpiño
Y la saya buena,
Cabezón labrado,
Toca y albanega;
Y a mí me podrán
Mi camisa nueva,
Sayo de palmilla,
Media de estameña;
Y si hace bueno
Trairé la montera
Que me dio la Pascua
Mi señora abuela,
Y el estadal rojo
Con lo que le cuelga,
Que trajo el vecino
Cuando fue a la feria.
Iremos a misa,
Veremos la iglesia,
Darános un cuarto
Mi tía la ollera.
Compraremos dél
(Que nadie lo sepa)
Chochos y garbanzos
Para la merienda;
Y en la tardecica,
En nuestra plazuela,

Jugaré yo al toro
Y tú a las muñecas
Con las dos hermanas,
Juana y Madalena,
Y las dos primillas,
Marica y la tuerta;
Y si quiere madre
Dar las castañetas,
Podrás tanto dello
Bailar en la puerta;
Y al son del adufe
Cantará Andrehuela:
No me aprovecharon,
Madre, las hierbas.
Y yo de papel
Haré una librea
Teñida con moras
Porque bien parezca,
Y una caperuza
Con muchas almenas;
Pondré por penacho
Las dos plumas negras
Del rabo del gallo,
Que acullá en la huerta
Anaranjeamos
Las Carnestolendas;
Y en la caña larga
Pondré una bandera
Con dos borlas blancas
En sus tranzaderas;
Y en mi caballito
Pondré una cabeza

De guadamecí,
Dos hilos por riendas;
Y entraré en la calle
Haciendo corvetas,
Yo y otros del barrio,
Que son más de treinta;
Jugaremos cañas
Junto a la plazuela,
Porque Barbolilla
Salga acá y nos vea;
Bárbola, la hija
De la panadera,
La que suele darme
Tortas con manteca,
Porque algunas veces
Hacemos yo y ella
Las bellaquerías
Detrás de la puerta.

1580

Ya no más, cegüezuelo hermano

Ya no más, ceguezuelo hermano,
  Ya no más.
Baste lo flechado, Amor,
Más munición no se pierda;
Afloja al arco la cuerda
Y la causa a mi dolor;
Que en mi pecho tu rigor
Escriben las plumas juntas,
Y en las espaldas las puntas
Dicen que muerto me has.
Ya no más, ceguezuelo hermano,
  Ya no más.
Para el que a sombras de un robre
Sus rústicos años gasta,
El segundo tiro basta,
Cuando el primero no sobre;
Basta para un zagal pobre
La punta de un alfiler;
Para Bras no es menester
Lo que para Fierabrás.
Ya no más, ceguezuelo hermano,
  Ya no más.
Tan asaeteado estoy,
Que me pueden defender
Las que me tiraste ayer
De las que me tiras hoy;
Si ya tu aljaba no soy,
Bien a mal tus armas echas,
Pues a ti te faltan flechas
Y a mí donde quepan más.

Ya no más, ceguezuelo hermano,
Ya no más.

Andeme yo caliente

Ándeme yo caliente
y ríase la gente.
Traten otros del gobierno
Del mundo y sus monarquías,
Mientras gobiernan mis días
Mantequillas y pan tierno,
Y las mañanas de invierno
Naranjada y aguardiente,
  Y ríase la gente.
Coma en dorada vajilla
El príncipe mil cuidados,
Cómo píldoras dorados;
Que yo en mi pobre mesilla
Quiero más una morcilla
Que en el asador reviente,
  Y ríase la gente.
Cuando cubra las montañas
De blanca nieve el enero,
Tenga yo lleno el brasero
De bellotas y castañas,
Y quien las dulces patrañas
Del Rey que rabió me cuente,
  Y ríase la gente.
Busque muy en hora buena
El mercader nuevos soles;
Yo conchas y caracoles
Entre la menuda arena,
Escuchando a Filomena
Sobre el chopo de la fuente,
  Y ríase la gente.

Pase a media noche el mar,
Y arda en amorosa llama
Leandro por ver a su Dama;
Que yo más quiero pasar
Del golfo de mi lagar
La blanca o roja corriente,
  Y ríase la gente.
Pues Amor es tan cruel,
Que de Píramo y su amada
Hace tálamo una espada,
Do se junten ella y él,
Sea mi Tisbe un pastel,
Y la espada sea mi diente,
  Y ríase la gente.

1581

Que pida a un galán Minguilla

Que pida a un galán Minguilla
Cinco puntos de jervilla,
 Bien puede ser;
Mas que calzando diez Menga,
Quiera que justo le venga,
 No puede ser.
Que se case un don Pelote
Con una dama sin dote,
 Bien puede ser;
Mas que no dé algunos días
Por un pan las damerías,
 No puede ser.
Que la viuda en el sermón
Dé mil suspiros sin son,
 Bien puede ser;
Mas que no los dé, a mi cuenta,
Porque sepan dó se sienta,
 No puede ser.
Que esté la bella casada
Bien vestida y mal celada,
 Bien puede ser;
Mas que el bueno del marido
No sepa quién dio el vestido,
 No puede ser.
Que anochezca cano el viejo,
Y que amanezca bermejo,
 Bien puede ser;
Mas que a creer nos estreche
Que es milagro y no escabeche
 No puede ser.

Que se precie un don Pelón
Que se comió un perdigón,
 Bien puede ser;
Mas que la biznaga honrada
No diga que fue ensalada,
 No puede ser.
Que olvide a la hija el padre
De buscarle quien le cuadre,
 Bien puede ser;
Mas que se pase el invierno
Sin que ella le busque yerno,
 No puede ser.
Que la del color quebrado
Culpe al barro colorado,
 Bien puede ser;
Mas que no entendamos todos
Que aquestos barros son lodos,
 No puede ser.
Que por parir mil loquillas
Enciendan mil candelillas,
 Bien puede ser;
Mas que, público o secreto,
No haga algún cirio efeto,
 No puede ser.
Que sea el otro Letrado
Por Salamanca aprobado,
 Bien puede ser;
Mas que traiga buenos guantes
Sin que acudan pleiteantes,
 No puede ser.
Que sea médico más grave
Quien más aforismos sabe,
 Bien puede ser;

Mas que no sea más experto
El que más hubiere muerto,
  No puede ser.
Que acuda a tiempo un galán
Con un dicho y un refrán,
  Bien puede ser;
Mas que entendamos por eso
Que en Floresta no está impreso,
  No puede ser.
Que oiga Menga una canción
Con piedad y atención,
  Bien puede ser;
Mas que no sea más piadosa
A dos escudos en prosa,
  No puede ser.
Que sea el Padre Presentado
Predicador afamado,
  Bien puede ser;
Mas que muchos puntos buenos
No sean estudios ajenos,
  No puede ser.
Que una guitarrilla pueda
Mucho, después de la queda,
  Bien puede ser;
Mas que no sea necedad
Despertar la vecindad,
  No puede ser.
Que el mochilero o soldado
Deje su tercio embarcado,
  Bien puede ser;
Mas que le crean de la guerra
Porque entró roto en su tierra,
  No puede ser.

Que se emplee el que es discreto
En hacer un buen soneto,
　Bien puede ser;
Mas que un menguado no sea
El que en hacer dos se emplea,
　No puede ser.
Que quiera una dama esquiva
Lengua muerta y bolsa viva,
　Bien puede ser;
Mas que halle, sin dar puerta,
Bolsa viva y lengua muerta,
　No puede ser.
Que el confeso al caballero
Socorra con su dinero,
　Bien puede ser;
Mas que le dé, porque presta,
Lado el día de la fiesta,
　No puede ser.
Que junte un rico avariento
Los doblones ciento a ciento,
　Bien puede ser;
Mas que el sucesor gentil
No los gaste mil a mil,
　No puede ser.
Que se pasee Narciso
Con un cuello en paraíso,
　Bien puede ser;
Más que no sea notorio
Que anda el cuerpo en purgatorio,
No puede ser.

1581

Da bienes Fortuna

Da bienes Fortuna
Que no están escritos:
Cuando pitos flautas,
Cuando flautas pitos.
¡Cuán diversas sendas
Se suelen seguir
En el repartir
Honras y haciendas!
A unos da encomiendas,
A otros sambenitos.
Cuando pitos flautas,
Cuando flautas pitos.
A veces despoja
De choza y apero
Al mayor cabrero,
Y a quien se le antoja;
La cabra más coja
Pare dos cabritos.
Cuando pitos flautas,
Cuando flautas pitos.
Porque en una aldea
Un pobre mancebo
Hurtó solo un huevo,
Al Sol bambolea,
Y otro se pasea
Con cien mil delitos.
Cuando pitos flautas,
Cuando flautas pitos.

1581

Vuela, pensamiento, y diles

Vuela, pensamiento, y diles
A los ojos que te envío
Que eres mío.
Celosa el alma te envía
Por diligente ministro,
Con poderes de registro
Y con malicias de espía;
Trata los aires de día,
Pisa de noche las salas
Con tan invisibles alas
Cuanto con pasos sutiles.
Vuela, pensamiento, y diles
A los ojos que te envío
Que eres mío.
Tu vuelo con diligencia
Y silencio se concluya,
Antes que venzan la suya
Las condiciones de ausencia;
Que no hay fiar resistencia
De una fe de vidrio tal,
Tras de un muro de cristal,
Y batido de esmeriles.
Vuela, pensamiento, y diles
A los ojos que te envío
Que eres mío.
Mira que su casa escombros
De unos soldados fiambres,
Que perdonando a sus hambres
Amenazan a los hombres;
De los tales no te asombres,

Porque, aunque tuercen los tales
Mostachazos criminales,
Ciñen espadas civiles.
Vuela, pensamiento, y diles
A los ojos que te envío
Que eres mío.
Por tu honra y por la mía,
De esta gente la descartes,
Que le serán estos Martes
Más aciagos que el día;
Pues la lanza de Argalía
Es ya cosa averiguada
Que pudo más por dorada
Que por fuerte la de Aquiles.
Vuela, pensamiento, y diles
A los ojos que te envío
Que eres mío.
Si a músicos entrar dejas,
Ciertos serán mis enojos,
Porque aseguran los ojos
Y saltean las orejas;
Cuando ellos ajenas quejas
Canten, ronda, pensamiento,
Y la voz, no el instrumento
Les quiten tus alguaciles.
Vuela, pensamiento, y diles
A los ojos que te envío
Que eres mío.

1581

Allá darás, rayo

Allá darás, rayo,
En cas de Tamayo.
De hospedar a gente extraña,
O Flamenca o Ginovés,
Si el huésped overo es
Y la huéspeda castaña,
Según la raza de España,
Sale luego el potro bayo.
Allá darás, rayo,
En cas de Tamayo.
De muy grave la viudita
Llama padre al Capellán
Con quien sus hijos están,
Y Amor que la solicita
Hace que por padre admita
Al que recibió por ayo.
Allá darás, rayo,
En cas de Tamayo.
Alguno hay en esta vida,
Que sé yo que es menester
Que a su querida mujer
(¡Nunca fuera tan querida!)
Tomen antes la medida
Que a él le corten el sayo.
Allá darás, rayo,
En cas de Tamayo.
Con su lacayo en Castilla
Se acomodó una casada;
No se le dio al señor nada,
Porque no es gran maravilla

Que el amo deje la silla,
Y que la ocupe el lacayo.
Allá darás, rayo,
En cas de Tamayo.
Opilóse vuestra hermana
Y diola el Doctor su acero;
Tráela de otero en otero
Menos honesta y más sana;
Diola por septiembre el mana,
Y vino a purgar por mayo.
Allá darás, rayo,
En cas de Tamayo.

1581

A una casería, donde habitaba una dama a quien servía

    Oh piadosa pared, merecedora
    De que el tiempo os reserve de sus daños,
    Pues sois tela do justan mis engaños
    Con el fiero desdén de mi señora,
    Cubra esas nobles faltas desde ahora,
    No estofa humilde de flamencos paños
    (Do el tiempo puede más), sino, en mil años,
    Verde tapiz de yedra vividora;
    Y vos, aunque pequeño, fiel resquicio
    (Porque del carro del cruel destino
    No pendan mis amores por trofeos),
    Ya que secreto, sedme más propicio
    Que aquel que fue en la gran ciudad de Nino
    Barco de vistas, puente de deseos.

1582

Al llanto y suspiros de una dama

Cual parece al romper de la mañana
Aljófar blanco sobre frescas rosas,
O cual por manos hecha, artificiosas,
Bordadura de perlas sobre grana,
Tales de mi pastora soberana
Parecían las lágrimas hermosas
Sobre las dos mejillas milagrosas,
De quien mezcladas leche y sangre mana.
Lanzando a vueltas de su tierno llanto
Un ardiente suspiro de su pecho,
Tal que el más duro canto enterneciera,
Si enternecer bastara un duro canto,
Mirad qué habrá con un corazón hecho,
Que al llanto y al suspiro fue de cera.

1582

Al Sol, porque salió, estando con su dama, y le fue forzado dejarla

Ya besando unas manos cristalinas,
Ya anudándome a un blanco y liso cuello,
Ya esparciendo por él aquel cabello
Que Amor sacó entre el oro de sus minas,
Ya quebrando en aquellas perlas finas
Palabras dulces mil sin merecello,
Ya cogiendo de cada labio bello
Purpúreas rosas sin temor de espinas,
Estaba, oh claro Sol invidioso,
Cuando tu luz, hiriéndome los ojos,
Mató mi gloria y acabó mi suerte.
Si el cielo ya no es menos poderoso,
Por que no den los tuyos más enojos,
Rayos, como a tu hijo, te den muerte.

1582

Al tramontar del Sol, la ninfa mía

Al tramontar del Sol, la ninfa mía,
De flores despojando el verde llano,
Cuantas troncaba la hermosa mano,
Tantas el blanco pie crecer hacía.
Ondeábale el viento que corría
El oro fino con error galano,
Cual verde hoja de álamo lozano
Se mueve al rojo despuntar del día.
Mas luego que ciñó sus sienes bellas
De los varios despojos de su falda
(Término puesto al oro y a la nieve),
Juraré que lució más su guirnalda
Con ser de flores, la otra ser de estrellas,
Que la que ilustra el cielo en luces nueve.

1582

A los celos

¡Oh niebla del estado más sereno,
Furia infernal, serpiente mal nacida!
¡Oh ponzoñosa víbora escondida
De verde prado en oloroso seno!
¡Oh entre el néctar de Amor mortal veneno,
Que en vaso de cristal quitas la vida!
¡Oh espada sobre mí de un pelo asida,
De la amorosa espuela duro freno!
¡Oh celo, del favor verdugo eterno!,
Vuélvete al lugar triste donde estabas,
O al reino (si allá cabes) del espanto;
Mas no cabrás allá, que pues ha tanto
Que comes de ti mesmo y no te acabas,
Mayor debes de ser que el mismo infierno.

1582

De pura honestidad templo sagrado

De pura honestidad templo sagrado,
Cuyo bello cimiento y gentil muro
De blanco nácar y alabastro duro
Fue por divina mano fabricado;
Pequeña puerta de coral preciado,
Claras lumbreras de mirar seguro,
Que a la esmeralda fina el verde puro
Habéis para viriles usurpado;
Soberbio techo, cuyas cimbrias de oro
Al claro Sol, en cuanto en torno gira,
Ornan de luz, coronan de belleza;
Ídolo bello, a quien humilde adoro,
Oye piadoso al que por ti suspira,
Tus himnos canta, y tus virtudes reza.

1582

En la muerte de dos señoras mozas, hermanas,
	naturales de Córdoba

   Sobre dos urnas de cristal labradas,
   De vidrio en pedestales sostenidas,
   Llorando está dos ninfas ya sin vidas,
   El Betis en sus húmidas moradas,
   Tanto por su hermosura dél amadas,
   Que, aunque las demás ninfas doloridas
   Se muestran, de su tierno fin sentidas,
   Él, derramando lágrimas cansadas:
   «Almas —les dice—, vuestro vuelo santo
   Seguir pienso hasta aquesos sacros nidos,
   Do el bien se goza sin temer contrario;
   Que, vista esa belleza y mi gran llanto,
   Por el cielo seremos convertidos,
   En Géminis vosotras, yo en Acuario.»

1582

Mientras por competir con tu cabello

Mientras por competir con tu cabello
Oro bruñido al Sol relumbra en vano,
Mientras con menosprecio en medio el llano
Mira tu blanca frente al lilio bello;
Mientras a cada labio, por cogello,
Siguen más ojos que al clavel temprano,
Y mientras triunfa con desdén lozano
Del luciente cristal tu gentil cuello,
Goza cuello, cabello, labio y frente,
Antes que lo que fue en tu edad dorada
Oro, lilio, clavel, cristal luciente,
No solo en plata o viola troncada
Se vuelva, más tú y ello juntamente
En tierra, en humo, en polvo, en sombra, en nada.

1582

Oh claro honor del líquido elemento

¡Oh claro honor del líquido elemento,
Dulce arroyuelo de corriente plata,
Cuya agua entre la yerba se dilata
Con regalado son, con paso lento!,
Pues la por quien helar y arder me siento
(Mientras en ti se mira), Amor retrata
De su rostro la nieve y la escarlata
En tu tranquilo y blando movimiento,
Vete como te vas; no dejes floja
La undosa rienda al cristalino freno
Con que gobiernas tu veloz corriente;
Que no es bien que confusamente acoja
Tanta belleza en su profundo seno
El gran Señor del húmido tridente.

1582

Que se nos va la Pascua, mozas

¡Que se nos va la Pascua, mozas,
Que se nos va la Pascua!
Mozuelas las de mi barrio,
Loquillas y confiadas,
Mirad no os engañe el tiempo,
La edad y la confianza.
No os dejéis lisonjear
De la juventud lozana,
Porque de caducas flores
Teje el tiempo sus guirnaldas.
¡Que se nos va la Pascua, mozas,
Que se nos va la Pascua!
Vuelan los ligeros años,
Y con presurosas alas
Nos roban, como harpías,
Nuestras sabrosas viandas.
La flor de la maravilla
Esta verdad nos declara,
Porque le hurta la tarde
Lo que le dio la mañana.
¡Que se nos va la Pascua, mozas,
Que se nos va la Pascua!
Mirad que cuando pensáis
Que hacen la señal del alba
Las campanas de la vida,
Es la queda, y os desarman
De vuestro color y lustre,
De vuestro donaire y gracia,
Y quedáis todas perdidas
Por mayores de la marca.
¡Que se nos va la Pascua, mozas,

Que se nos va la Pascua!
Yo sé de una buena vieja
Que fue un tiempo rubia y zarca,
Y que al presente le cuesta
Harto caro el ver su cara,
Porque su bruñida frente
Y sus mejillas se hallan
Más que roquete de obispo
Encogidas y arrugadas.
¡Que se nos va la Pascua, mozas,
Que se nos va la Pascua!
Y sé de otra buena vieja,
Que un diente que le quedaba
Se lo dejó este otro día
Sepultado en unas natas,
Y con lágrimas le dice:
«Diente mío de mi alma,
Yo sé cuándo fuistes perla,
Aunque ahora no sois caña.»
¡Que se nos va la Pascua, mozas,
Que se nos va la Pascua!
Por eso, mozuelas locas,
Antes que la edad avara
El rubio cabello de oro
Convierta en luciente plata,
Quered cuando sois queridas,
Amad cuando sois amadas,
Mirad, bobas, que detrás
Se pinta la ocasión calva.
¡Que se nos va la Pascua, mozas,
Que se nos va la Pascua!

1582

Raya, dorado Sol, orna y colora

Raya, dorado Sol, orna y colora
Del alto monte la lozana cumbre;
Sigue con agradable mansedumbre
El rojo paso de la blanca Aurora;
Suelta las riendas a Favonio y Flora,
Y usando, al esparcir tu nueva lumbre,
Tu generoso oficio y real costumbre,
El mar argenta, las campañas dora,
Para que desta vega el campo raso
Borde saliendo Flérida de flores;
Mas si no hubiere de salir acaso,
Ni el monte rayes, ornes, ni colores,
Ni sigas de la Aurora el rojo paso,
Ni el mar argentes, ni los campos dores.

1582

Rey de los otros, río caudaloso

Rey de los otros, río caudaloso,
Que en fama claro, en ondas cristalino,
Tosca girnalda de robusto pino
Ciñe tu frente, tu cabello undoso,
Pues dejando tu nido cavernoso
De Segura en el monte más vecino
Por el suelo andaluz tu real camino
Tuerces soberbio, raudo y espumoso,
A mí, que de tus fértiles orillas
Piso, aunque ilustremente enamorado,
Tu noble arena con humilde planta,
Dime si entre las rubias pastorcillas
Has visto, que en tus aguas se ha mirado,
Beldad cual la de Clori, o gracia tanta.

1582

Suspiros tristes, lágrimas cansadas

Suspiros tristes, lágrimas cansadas,
Que lanza el corazón, los ojos llueven,
Los troncos bañan y las ramas mueven
De estas plantas, a Alcides consagradas;
Mas del viento las fuerzas conjuradas
Los suspiros desatan y remueven,
Y los troncos las lágrimas se beben,
Mal ellos y peor ellas derramadas.
Hasta en mi tierno rostro aquel tributo
Que dan mis ojos, invisible mano
De sombra o de aire me le deja enjuto,
Porque aquel ángel fieramente humano
No crea mi dolor, y así es mi fruto
Llorar sin premio y suspirar en vano.

1582

Tras la bermeja Aurora el Sol dorado

Tras la bermeja Aurora el Sol dorado
Por las puertas salía del Oriente,
Ella de flores la rosada frente,
Él de encendidos rayos coronado.
Sembraban su contento o su cuidado,
Cuál con voz dulce, cuál con voz doliente,
Las tiernas aves con la luz presente
En el fresco aire y en el verde prado,
Cuando salió bastante a dar Leonora
Cuerpo a los vientos y a las piedras alma,
Cantando de su rico albergue, y luego
Ni oí las aves más, ni vi la Aurora;
Porque al salir, o todo quedó en calma,
O yo (que es lo más cierto), sordo y ciego.

1582

A Juan Rufo, jurado de Córdoba

Culto Jurado, si mi bella dama
—En cuyo generoso mortal manto
Arde, como en cristal de templo santo,
De un limpio amor la más ilustre llama—
Tu musa inspira, vivirá tu fama
Sin invidiar tu noble patria a Manto,
Y ornarte ha en premio de tu dulce canto
No de verde laurel caduca rama,
Sino de estrellas inmortal corona.
Haga, pues, tu dulcísimo instrumento
Bellos efectos, pues la causa es bella;
Que no habrá piedra, planta, ni persona,
Que suspensa no siga el tierno acento,
Siendo tuya la voz, y el canto de ella.

1583

A unos álamos blancos

Verdes hermanas del audaz mozuelo
Por quien orilla el Po dejastes presos
En verdes ramas ya y en troncos gruesos
El delicado pie, el dorado pelo,
Pues entre las ruinas de su vuelo
Sus cenizas bajar en vez de huesos,
Y sus errores largamente impresos
De ardientes llamas vistes en el cielo,
Acabad con mi loco pensamiento,
Que gobernar tal carro no presuma,
Antes que le desate por el viento
Con rayos de desdén la beldad suma,
Y las reliquias de su atrevimiento
Esconda el desengaño en poca espuma.

1583

Amarrado al duro banco

Amarrado al duro banco
De una galera turquesca,
Ambas manos en el remo
Y ambos ojos en la tierra,
Un forzado de Dragut
En la playa de Marbella
Se quejaba al ronco son
Del remo y de la cadena:
«¡Oh sagrado mar de España,
Famosa playa serena,
Teatro donde se han hecho
Cien mil navales tragedias!,
»Pues eres tú el mismo mar
Que con tus crecientes besas
Las murallas de mi patria,
Coronadas y soberbias,
»Tráeme nuevas de mi esposa,
Y dime si han sido ciertas
Las lágrimas y suspiros
Que me dice por sus letras;
»Porque si es verdad que llora
Mi cautiverio en tu arena,
Bien puedes al mar del Sur
Vencer en lucientes perlas.
»Dame ya, sagrado mar,
A mis demandas respuesta,
Que bien puedes, si es verdad
Que las aguas tienen lengua,
»Pero, pues no me respondes,
Sin duda alguna que es muerta,

Aunque no lo debe ser,
Pues que vivo yo en su ausencia.
»¡Pues he vivido diez años
Sin libertad y sin ella,
Siempre al remo condenado
A nadie matarán penas!»
En esto se descubrieron
De la Religión seis velas,
Y el cómitre mandó usar
Al forzado de su fuerza.

1583

Aquí entre la verde juncia

Aquí entre la verde juncia
Quiero (como el blanco cisne
Que envuelto en dulce armonía,
La dulce vida despide)
Despedir mi vida amarga
Envuelta en endechas tristes,
Y querellarme de aquélla
Tan hermosa como libre.
Descanse entre tanto el arco
De la cuerda que le aflige,
Y pendiente de sus ramos
Orne esta planta de Alcides,
Mientras yo a la tortolilla
Que sobre aquel olmo gime,
Le hurto todo el silencio
Que para sus quejas pide.
Bellísima cazadora,
Más fiera que las que sigues
Por los bosques cruel verdugo
De mis años infelices:
Tan grandes son tus extremos
De hermosa y de terrible,
Que están los montes en duda
Si eres diosa o si eres tigre.
Préciaste de tan soberbia
Contra quien es tan humilde
Que, considerados bien,
Todos los monteros dicen
Que los dos nos parecemos
Al roble que más resiste

Los soplos del viento airado:
Tú en ser dura, yo en ser firme.
En esto solo eres roble,
Y en lo demás flaca mimbre,
No solo a los recios vientos,
Mas a los aires sutiles.
Ya no persigues, cruel,
Después que a mí me persigues,
A los ciervos voladores
Ni a los fieros jabalíes.
Ni de tu dichoso albergue
Las nobles paredes visten
Los despojos de las fieras
Que, como a mí, muerte diste.
No porque no gustes de ello,
Sino porque no te obligue
El encontrarme en la caza
A que siquiera me mires.
Los monteros te suspiran
Por todos estos confines,
Y el mismo monte se agravia
De que tus pies no le pisen,
Por el rastro que dejaban
De rosas y de jazmines,
Tanto que eran a sus campos
Tus dos plantas dos abriles.
Haz tu gusto, que yo quiero
Dejar (pues de ello te sirves)
El espíritu cansado
Que mis flacos miembros rige.
Conseguiremos en esto
Ambos a dos nuestros fines:

Tú el de cruel en dejarme,
Yo el de leal en morirme.
Tú, rey de los otros ríos,
Que de las sierras sublimes
De Segura al Oceano
El fértil terreno mides,
Pues en tu dichoso seno
Tantas lágrimas recibes
De mis ojos, que en el mar
Entran dos Guadalquivires,
Ruégote que su crueldad
Y mi firmeza publiques
Por todo el húmedo reino
De la gran madre de Aquiles,
Porque no solo en las selvas,
Mas los que en las aguas viven
Conozcan quién es Daliso
Y quién es la ingrata Nise.

1583

Cuál del Ganges marfil, o cuál de Paro

¿Cuál del Ganges marfil, o cuál de Paro
Blanco mármol, cuál ébano luciente,
Cuál ámbar rubio, o cuál oro excelente,
Cuál fina plata, o cuál cristal tan claro,
Cuál tan menudo aljófar, cuál tan caro
Oriental safir, cuál rubí ardiente,
O cuál, en la dichosa edad presente,
Mano tan docta de escultor tan raro
Bulto de ellos formara, aunque hiciera
Ultraje milagroso a la hermosura
Su labor bella, su gentil fatiga,
Que no fuera figura al Sol de cera,
Delante de tus ojos, su figura,
Oh bella Clori, oh dulce mi enemiga?

1583

La desgracia del forzado

La desgracia del forzado,
Y del corsario la industria,
La distancia del lugar
Y el favor de la Fortuna,
Que por las bocas del viento
Les daba a soplos ayuda
Contra las cristianas cruces
A las otomanas lunas,
Hicieron que de los ojos
Del forzado a un tiempo huyan
Dulce patria, amigas velas,
Esperanzas y ventura.
Vuelve, pues, los ojos tristes
A ver cómo el mar le hurta
Las torres, y le da nubes,
Las velas, y le da espumas.
Y viendo más aplacada
En el cómitre la furia,
Vertiendo lágrimas, dice,
Tan amargas como muchas:
¿De quién me quejo con tan grande extremo,
Si ayudo yo a mi daño con mi remo?
«Ya no esperen ver mis ojos,
Pues ahora no lo vieron,
Sin este remo las manos,
Y los pies sin estos hierros,
Que en esta desgracia mía
Fortuna me ha descubierto
Que cuantos fueron mis años
Tantos serán mis tormentos.

¿De quién me quejo con tan grande extremo,
Si ayudo yo a mi daño con mi remo?
Velas de la Religión,
Enfrenad vuestro denuedo,
Que mal podréis alcanzarnos
Pues tratáis de mi remedio.
El enemigo se os va,
Y favorécele el tiempo
Por su libertad no tanto
Cuanto por mi cautiverio.
¿De quién me quejo con tan grande extremo,
Si ayudo yo a mi daño con mi remo?
Quedáos en aquesa playa,
De mis pensamientos puerto;
Quejáos de mi desventura
Y no echéis la culpa al viento.
Y tú, mi dulce suspiro,
Rompe los aires ardiendo,
Visita a mi esposa bella,
Y en el mar de Argel te espero.»
¿De quién me quejo con tan grande extremo,
Si ayudo yo a mi daño con mi remo?

1583

En la muerte de una señora que murió moza en
     Córdoba

   Fragoso monte, en cuyo basto seno
   Duras cortezas de robustas plantas
   Contienen aquel nombre en partes tantas
   De quien pagó a la tierra lo terreno,
   Así cubra de hoy más cielo sereno
   La siempre verde cumbre que levantas,
   Que me escondas aquellas letras santas
   De que a pesar del tiempo has de estar lleno.
   La corteza, do están, desnuda, o viste
   Su villano troncón de yerba verde,
   De suerte que mis ojos no las vean.
   Quédense en tu arboleda, ella se acuerde
   De fin tan tierno, y su memoria triste,
   Pues en troncos está, troncos la lean.

1583

Ilustre y hermosísima María

Ilustre y hermosísima María,
Mientras se dejan ver a cualquier hora
En tus mejillas la rosada aurora,
Febo en tus ojos, y en tu frente el día,
Y mientras con gentil descortesía
Mueve el viento la hebra voladora
Que la Arabia en sus venas atesora
Y el rico Tajo en sus arenas cría;
Antes que de la edad Febo eclipsado,
Y el claro día vuelto en noche oscura,
Huya la aurora del mortal nublado;
Antes que lo que hoy es rubio tesoro
Venza a la blanca nieve su blancura,
Goza, goza el color, la luz, el oro.

1583

Ni en este monte, este aire, ni este río

Ni en este monte, este aire, ni este río
Corre fiera, vuela ave, pece nada,
De quien con atención no sea escuchada
La triste voz del triste llanto mío;
Y aunque en la fuerza sea del estío
Al viento mi querella encomendada,
Cuando a cada cual de ellos más le agrada
Fresca cueva, árbol verde, arroyo frío,
A compasión movidos de mi llanto,
Dejan la sombra, el ramo y la hondura,
Cual ya por escuchar el dulce canto
De aquel que, de Strimón en la espesura,
Los suspendía cien mil veces. ¡Tanto
Puede mi mal, y pudo su dulzura!

1583

Ya que con más regalo el campo mira

Ya que con más regalo el campo mira
(Pues del hórrido manto se desnuda)
Purpúreo el Sol y, aunque con lengua muda,
Suave Filomena ya suspira,
Templa, noble garzón, la noble lira,
Honren tu dulce plectro y mano aguda
Lo que al son torpe de mi avena ruda
Me dicta Amor, Calíope me inspira.
Ayúdame a cantar los dos extremos
De mi pastora, y cual parleras aves
Que a saludar al Sol a otros convidan,
Yo ronco, tú sonoro, despertemos
Cuantos en nuestra orilla cisnes graves
Sus blancas plumas bañan y se anidan.

1583

Servía en Orán al Rey

Servía en Orán al Rey
Un español con dos lanzas,
Y con el alma y la vida
A una gallarda africana,
Tan noble como hermosa,
Tan amante como amada,
Con quien estaba una noche
Cuando tocaron al arma.
Trescientos Cenetes eran
De este rebato la causa,
Que los rayos de la Luna
Descubrieron sus adargas;
Las adargas avisaron
A las mudas atalayas,
Las atalayas los fuegos,
Los fuegos a las campanas;
Y ellas al enamorado,
Que en los brazos de su dama
Oyó el militar estruendo
De las trompas y las cajas.
Espuelas de honor le pican
Y freno de amor le para;
No salir es cobardía,
Ingratitud es dejalla.
Del cuello pendiente ella,
Viéndole tomar la espada,
Con lágrimas y suspiros
Le dice aquestas palabras:
«Salid al campo, señor,
Bañen mis ojos la cama,

Que ella me será también,
Sin vos, campo de batalla.
Vestíos y salid apriesa,
Que el general os aguarda;
Yo os hago a vos mucha sobra
Y vos a él mucha falta.
Bien podéis salir desnudo,
Pues mi llanto no os ablanda,
Que tenéis de acero el pecho,
Y no habéis menester armas.»
Viendo el español brioso
Cuánto le detiene y habla,
Le dice así: «Mi señora,
Tan dulce como enojada,
»Porque con honra y amor
Yo me quede, cumpla y vaya,
Vaya a los moros el cuerpo,
Y quede con vos el alma.
Concededme, dueño mío,
Licencia para que salga
Al rebato en vuestro nombre,
Y en vuestro nombre combata.»

1583

Manda Amor en su fatiga

Manda Amor en su fatiga
Que se sienta y no se diga;
Pero a mí más me contenta
Que se diga y no se sienta.
 En la ley vieja de Amor
A tantas fojas se halla
Que el que más sufre y más calla,
Ese librará mejor;
¡Más triste del amador
Que, muerto a enemigas manos,
Le hallaron los gusanos
Secretos en la barriga!
 Manda Amor en su fatiga
Que se sienta y no se diga;
Pero a mí más me contenta
Que se diga y no se sienta.
 Muy bien haré si culpare
Por necio cualquier que fuere
Que como leño sufriere
Y como piedra callare;
Mande Amor lo que mandare,
Que yo pienso muy sin mengua
Dar libertad a mi lengua,
Y a sus leyes una higa.
 Manda Amor en su fatiga
Que se sienta y no se diga;
Pero a mí más me contenta
Que se diga y no se sienta.
 Bien sé que me han de sacar
En el auto con mordaza

Cuando Amor sacare a plaza
Delincuentes por hablar;
Mas yo me pienso quejar,
En sintiéndome agraviado,
Pues el mar brama alterado
Cuando el viento le fatiga.
 Manda Amor en su fatiga
Que se sienta y no se diga;
Pero a mí más me contenta
Que se diga y no se sienta.
 Yo sé de algún joveneto
Que tiene muy entendido
Que guarda más bien Cupido
Al que guarda más secreto;
Y si muere el indiscreto
De amoroso torozón,
Morirá sin confesión
Por no culpar su enemiga.
 Manda Amor en su fatiga
Que se sienta y no se diga;
Pero a mí más me contenta
Que se diga y no se sienta.

A Juan Rufo, de su Austríada

Cantastes, Rufo, tan heroicamente
De aquel César novel la augusta historia,
Que está dudosa entre los dos la gloria
Y a cuál se deba dar ninguno siente.
Y así la Fama, que hoy de gente en gente
Quiere que de los dos la igual memoria
Del tiempo y del olvido haya victoria,
Ciñe de lauro a cada cual la frente.
Debéis con gran razón ser igualados,
Pues fuistes cada cual único en su arte:
Él solo en armas, vos en letras solo,
Y al fin ambos igualmente ayudados:
Él de la espada del sangriento Marte,
Vos de la lira del sagrado Apolo.

1584

A un caballero poeta, que en un soneto que hizo se fingió temeroso de tener en su amor atrevido el suceso de Ícaro

No enfrene tu gallardo pensamiento
Del animoso joven mal logrado
El loco fin, de cuyo vuelo osado
Fue ilustre tumba el húmido elemento.
Las dulces alas tiende al blando viento,
Y sin que el torpe mar del miedo helado
Tus plumas moje, toca levantado
La encendida región del ardimiento.
Corona en puntas la dorada esfera
Do el pájaro real su vista afina,
Y al noble ardor desátese la cera;
Que al mar, do tu sepulcro se destina,
Gran honra le será, y a su ribera,
Que le hurte su nombre tu ruina.

1584

A un sueño

Varia imaginación que, en mil intentos,
A pesar gastas de tu triste dueño
La dulce munición del blando sueño,
Alimentando vanos pensamientos,
Pues traes los espíritus atentos
Solo a representarme el grave ceño
Del rostro dulcemente zahareño
(Gloriosa suspensión de mis tormentos),
El sueño (autor de representaciones),
En su teatro, sobre el viento armado,
Sombras suele vestir de bulto bello.
Síguele; mostraráte el rostro amado,
Y engañarán un rato tus pasiones
Dos bienes, que serán dormir y vello.

1584

A una dama vestida de Leonado

Del color noble que a la piel vellosa
De aquel animal dio naturaleza
Que de corona ciñe su cabeza,
Rey de las otras, fiera generosa,
Vestida vi a la bella desdeñosa,
Tal, que juzgué, no viendo su belleza
(Según decía el color con su fiereza),
Que la engendró la Libia ponzoñosa;
Mas viéndola, que Alcides muy ufano
Por ella en tales paños bien podía
Mentir su natural, seguir su antojo,
Cual ya en Lidia torció con torpe mano
El huso, y presumir que se vestía
Del nemeo león el gran despojo.

1584

A unos Álamos blancos

Gallardas plantas, que con voz doliente
Al osado Faetón llorastes vivas,
Y ya sin invidiar palmas ni olivas,
Muertas podéis ceñir cualquiera frente,
Así del Sol estivo al rayo ardiente
Blanco coro de Náyades lascivas
Precie más vuestras sombras fugitivas
Que verde margen de escondida fuente,
Y así bese (a pesar del seco estío)
Vuestros troncos (ya un tiempo pies humanos)
El raudo curso deste undoso río,
Que lloréis (pues llorar solo a vos toca
Locas empresas, ardimientos vanos)
Mi ardimiento en amar, mi empresa loca.

1584

Con diferencia tal, con gracia tanta

Con diferencia tal, con gracia tanta
Aquel ruiseñor llora, que sospecho
Que tiene otros cien mil dentro del pecho
Que alternan su dolor por su garganta;
Y aun creo que el espíritu levanta
—Como en información de su derecho—
A escribir del cuñado el atroz hecho
En las hojas de aquella verde planta.
Ponga, pues, fin a las querellas que usa
Pues ni quejarse ni mudar estanza
Por pico ni por pluma se le veda,
Y llore solo aquel que su Medusa
En piedra convirtió, por que no pueda
Ni publicar su mal ni hacer mudanza.

1584

No destrozada nave en roca dura

No destrozada nave en roca dura
Tocó la playa más arrepentida,
Ni pajarilla de la red tendida
Voló más temeroso a la espesura;
Bella ninfa la planta mal segura
No tan alborotada ni afligida
Hurtó de verde prado, que escondida
Víbora regalaba en su verdura,
Como yo, Amor, la condición airada,
Las rubias trenzas y la vista bella
Huyendo voy, con pie ya desatado,
De mi enemiga en vano celebrada.
Adiós, ninfa cruel; quedaos con ella,
Dura roca, red de oro, alegre prado.

1584

Noble desengaño

Noble desengaño,
Gracias doy al cielo
Que rompiste el lazo
Que me tenía preso.
Por tan gran milagro
Colgaré en tu templo
Las graves cadenas
De mis graves yerros.
Las fuertes coyundas
Del yugo de acero,
Que con tu favor
Sacudí del cuello,
Las húmidas velas
Y los rotos remos
Que escapé del mar
Y ofrecí en el puerto,
Ya de tus paredes
Serán ornamento,
Gloria de tu nombre,
Y de Amor descuento.
Y así, pues que triunfas
Del rapaz arquero,
Tiren de tu carro
Y sean tu trofeo
Locas esperanzas,
Vanos pensamientos,
Pasos esparcidos,
Livianos deseos,
Rabiosos cuidados,
Ponzoñosos celos,

Infernales glorias,
Gloriosos infiernos.
Compóngante himnos,
Y digan sus versos
Que libras cautivos
Y das vista a ciegos.
Ante tu deidad
Hónrense mil fuegos
Del sudor precioso
Del árbol sabeo.
Pero ¿quién me mete
En cosas de seso,
Y en hablar de veras
En aquestos tiempos,
Donde el que más trata
De burlas y juegos,
Ese es quien se viste
Más a lo moderno?
Ingrata señora
De tus aposentos,
Más dulce y sabrosa
Que nabo en Adviento,
Aplícame un rato
El oído atento,
Que quiero hacer auto
De mis devaneos.
¡Qué de noches frías
Que me tuvo el hielo
Tal, que por esquina
Me juzgó tu perro,
Y alzando la pierna,
Con gentil denuedo,

Me argentó de plata
Los zapatos negros!
¡Qué de noches de éstas,
Señora, me acuerdo
Que andando a buscar
Chinas por el suelo,
Para hacer la seña
Por el agujero,
Al tomar la china
Me ensucié los dedos!
¡Qué de días anduve
Cargado de acero
Con harto trabajo,
Porque estaba enfermo!
Como estaba flaco
Parecía cencerro:
Hierro por de fuera,
Por de dentro hueso.
¡Qué de meses y años
Que viví muriendo
En la Peña Pobre
Sin ser Beltenebros,
Donde me acaeció
Mil días enteros
No comer sino uñas,
Haciendo sonetos!
¡Qué de necedades
Escribí en mil pliegos,
Que las ríes tú ahora,
Y yo las confieso!

Aunque las tuvimos

Ambos, en un tiempo,
Yo por discreciones
Y tú por requiebros.
¡Qué de medias noches
Canté en mi instrumento:
«Socorred, señora,
Con agua a mi fuego»!
Donde, aunque tú no
Socorriste luego,
Socorrió el vecino
Con un gran caldero.
Adiós, mi señora,
Porque me es tu gesto
Chimenea en verano
Y nieve en invierno,
Y el bazo me tienes
De guijarros lleno,
Porque creo que bastan
Seis años de necio.

1584

La dulce boca que a gustar convida

La dulce boca que a gustar convida
Un humor entre perlas distilado,
Y a no invidiar aquel licor sagrado
Que a Júpiter ministra el garzón de Ida,
Amantes, no toquéis, si queréis vida;
Porque entre un labio y otro colorado
Amor está, de su veneno armado,
Cual entre flor y flor sierpe escondida.
No os engañen las rosas que a la Aurora
Diréis que, aljofaradas y olorosas
Se le cayeron del purpúreo seno;
Manzanas son de Tántalo, y no rosas,
Que pronto huyen del que incitan hora
Y solo del Amor queda el veneno.

1584

Aquel rayo de la guerra

Aquel rayo de la guerra,
Alférez Mayor del reino,
Tan galán como valiente
Y tan noble como fiero,
De los mozos envidiado,
Admirado de los viejos,
Y de los niños y el vulgo
Señalado con el dedo;
El querido de las damas
Por cortesano y discreto,
Hijo hasta allí regalado
De la fortuna y del tiempo;
El que vistió las mezquitas
De victoriosos trofeos,
El que pobló las mazmorras
De cristianos caballeros;
El que dos veces armado
Más de valor que de acero,
A su patria libertó
De dos peligrosos cercos,
El gallardo Abenzulema
Sale a cumplir el destierro
A que le condena el Rey,
O el Amor, que es lo más cierto.

Servía a una mora el moro
Por quien el Rey anda muerto,
En todo extremo hermosa,
Y discreta en todo extremo.
Dióle unas flores la dama,

Que para él flores fueron
Y para el celoso Rey
Hierbas de mortal veneno;
Pues de la hierba tocado,
Le manda desterrar luego,
Culpando su lealtad
Para disculpar sus celos.
Sale, pues, el fuerte moro
Sobre un caballo overo,
Que a Guadalquivir el agua
Le bebió, y le pació el heno,
Con un hermoso jaez,
Rica labor de Marruecos,
Las piezas de filigrana,
La mochila de oro y negro.
Tan gallardo iba el caballo.

Que en grave y airoso huello
Con ambas manos medía
Lo que hay de la cincha al suelo.
Sobre una marlota negra
Un blanco albornoz se ha puesto,
Por vestirse los colores
De su inocencia y su duelo.
Bordó mil hierros de lanzas
Por el capellar, y en medio
En arábigo una letra,
Que dice: «Estos son mis hierros».
Bonete lleva turquí,
Derribado al lado izquierdo,
Y sobre él tres plumas presas
De un precioso camafeo.

No quiso salir sin plumas,
Porque vuelen sus deseos.
Si quien le quita la tierra
También no le quita el viento.
No lleva más de un alfanje,
Que le dio el Rey de Toledo
Porque para un enemigo
él le basta, y su derecho.
Desta suerte sale el moro
Con animoso denuedo,
En medio de dos alcaides,
De Arjona y del Marmolejo.
Caballeros le acompañan,
Y le sigue todo el pueblo,
Y las damas, por do pasan,
Se asoman llorando a verlo.
Lágrimas vierten ahora
De sus tristes ojos bellos
Las que desde sus balcones
Aguas de olor le vertieron.
La bellísima Balaja,
Que llorosa en su aposento
Las sinrazones del Rey
Le pagaban sus cabellos,
Como tanto estruendo oyó,
A un balcón salió corriendo,
Y enmudecida le dijo,
Dando voces con silencio:
«Vete en paz, que no vas solo,
Y en tu ausencia ten consuelo;
Que quien te echa de Jaén
No te echará de mi pecho».

Él con el mirar responde:
«Yo me voy y no te dejo;
De los agravios del Rey
Para tu firmeza apelo».
Con esto pasó la calle,
Los ojos atrás volviendo
Cien mil veces, y de Andújar
Tomó el camino derecho.

1584

A doña Catalina de la Cerda, dama de la reina

    Tres veces de Aquilón el soplo airado
Del verde honor privó las verdes plantas,
Y al animal de Colcos otras tantas
Ilustró Febo su vellón dorado,
Después que sigo (el pecho traspasado
De aguda flecha) con humildes plantas,
(¡Oh bella Clori!) tus pisadas santas
Por las floridas señas que da el prado.
A vista voy (tiñendo los alcores
En roja sangre) de tu dulce vuelo,
Que el cielo pinta de cient mil colores,
Tanto, que ya nos siguen los pastores
Por los extraños rastros que en el suelo
Dejamos, yo de sangre, tú de flores.

1585

A una enfermedad de doña Catalina de la Cerda

    Sacra planta de Alcides, cuya rama
Fue toldo de la yerba, fértil soto
Que al tiempo mil libreas le habéis roto
De frescas hojas, de menuda grama:
Sed hoy testigos destas que derrama
Lágrimas Licio, y deste humilde voto
Que al rubio Febo hace, viendo a Cloto
De su Clori romper la vital trama.
Ardiente morador del sacro coro,
Si libre a Clori por tus manos deja
De alguna yerba algún secreto jugo,
Tus aras teñirá este blanco toro,
Cuya cerviz así desprecia el yugo
Como el de Amor la enferma zagaleja.

1585

Aunque a rocas de fe ligada vea

Aunque a rocas de fe ligada vea
Con lazos de oro la hermosa nave
Mientras en calma humilde, en paz suave
Sereno el mar la vista lisonjea;
Y aunque el céfiro esté (porque le crea)
Tasando el viento que en las velas cabe,
Y el fin dichoso del camino grave
En el aspecto celestial se lea,
He visto blanqueando las arenas
De tantos nunca sepultados huesos,
Que el mar de Amor tuvieron por seguro,
Que dél no fío, si sus flujos gruesos
Con el timón o con la voz no enfrenas,
¡Oh dulce Arión, oh sabio Palinuro!

1585

En dos lucientes estrellas

En dos lucientes estrellas,
Y estrellas de rayos negros,
Dividido he visto el Sol
En breve espacio de cielo.
El luciente oficio hacen
De las estrellas de Venus,
Las mañanas como el alba,
Las noches como el lucero,
Las formas perfilan de oro,
Milagrosamente haciendo,
No las bellezas oscuras,
Sino los oscuros bellos;
Cuyos rayos para él
Son las llaves de su puerto,
Si tiene puertos un mar
Que es todo golfos y estrechos.
Pero no son tan piadosos,
Aunque sí lo son, pues vemos
Que visten rayos de luto
Por cuantas vidas han muerto.

1585

Entre los sueltos caballos

Entre los sueltos caballos
De los vencidos Cenetes,
Que por el campo buscaban
Entre la sangre lo verde,
Aquel español de Orán
Un suelto caballo prende,
Por sus relinchos lozano,
Y por sus cernejas fuerte,
Para que le lleve a él,
Y a un moro cautivo lleve,
Un moro que ha cautivado,
Capitán de cien jinetes.
En el ligero caballo
Suben ambos, y él parece,
De cuatro espuelas herido,
Que cuatro alas le mueven.
Triste camina el alarbe,
Y lo más bajo que puede
Ardientes suspiros lanza
Y amargas lágrimas vierte.
Admirado el español
De ver cada vez que vuelve
Que tan tiernamente llore
Quien tan duramente hiere,
Con razones le pregunta,
Comedidas y corteses,
De sus suspiros la causa,
Si la causa lo consiente.
El cautivo, como tal,
Sin excusas le obedece,

Y a su piadosa demanda
Satisface deste suerte:
«Valiente eres, capitán,
Y cortés como valiente:
Por tu espada y por tu trato
Me has cautivado dos veces.
Preguntado me has la causa
De mis suspiros ardientes,
Y débote la respuesta
Por quien soy y por quien eres.
En los Gelves nací, el año
Que os perdistes en los Gelves,
De una berberisca noble
Y de un turco matasiete.
En Tremecén me crié
Con mi madre y mis parientes
Después que perdí a mi padre,
Corsario de tres bajeles.
Junto a mi casa vivía,
Porque más cerca muriese,
Una dama del linaje
De los nobles Melioneses,
Extremo de las hermosas,
Cuando no de las crueles,
Hija al fin de estas arenas,
Engendradoras de sierpes.
Cada vez que la miraba
Salía un Sol por su frente,
De tantos rayos ceñido
Cuantos cabellos contiene.
Juntos así nos criamos,
Y Amor en nuestras niñeces

Hirió nuestros corazones
Con arpones diferentes.
Labró el oro en mis entrañas
Dulces lazos, tiernas redes,
Mientras el plomo en las suyas
Libertades y desdenes.
Apenas vide trocada
La dureza de esta sierpe,
Cuando tú me cautivaste:
¡Mira si es bien que lamente!»
«Esta es la causa, español,
Que a llanto pudo moverme;
Mira si es razón que llore
Tantos males juntamente.»
Conmovido el capitán
De las lágrimas que vierte,
Parando el veloz caballo,
Pare sus males promete.
«Gallardo moro —le dice—,
Si adoras como refieres,
Y si como dices amas,
Dichosamente padeces.
¿Quién pudiera imaginar,
Viendo tus golpes crueles,
Cupiera un alma tan tierna
En pecho tan duro y fuerte?
Si eres del Amor cautivo,
Desde aquí puedes volverte,
Que me pedirán por voto
Lo que entendí que era suerte.
Y no quiero por rescate
Que tu dama me presente

Ni las alfombras más finas
Ni las granas más alegres.
Anda con Dios, sufre y ama,
Y vivirás, si lo hicieres,
Con tal que cuando la veas
Hayas de volver a verme.»
Apeóse del caballo,
Y el moro tras él desciende,
Y por el suelo postrado
La boca a sus pies ofrece.
«Vivas mil años —le dice—,
Noble capitán valiente,
Pues ganas más con librarme
Que ganaste con prenderme.
Alah se quede contigo,
Y te dé victoria siempre
Para que extiendas tu fama
Con hechos tan excelentes.»

1585

Sobre unas altas rocas

Sobre unas altas rocas,
Ejemplo de firmeza
Que encuentra noche y día
El mar, estando quedas,
Aquel pescadorcillo,
A quien su ninfa bella
Dejó el año pasado,
La red sobre la arena,
¡Oh, cómo se lamenta!
De una parte las aguas,
De otra parte las fieras,
Y de entrambas el viento
Le escuchan y se enfrenan;
Que a todas ellas hacen
Igual sabrosa fuerza,
Lo dulce de la voz,
La razón de las quejas.
¡Oh, cómo se lamenta!
«¿Hasta cuándo, enemiga,
Competirá en dureza
Tu duro corazón
Con las más duras piedras?
¿Hasta cuándo harás
Al son de mis querellas
Lo que al latido hace,
De los canes, la cierva?»
¡Oh, cómo se lamenta!
«Hoy hace, ingrata, un año
Que huyendo ligera,
No te conoce el suelo,

Y atrás el aire dejas;
Hoy hace un año, ingrata,
Que el mar, como por pena
De que tú no las pisas,
Azota estas riberas.»
¡Oh, cómo se lamenta!
«Tu vuelo en todo el mundo,
Por olas o por tierra,
Lo más ligero alcanza,
Lo más libre sujeta.
Si aquesta se te escapa,
Di, Amor: ¿qué te aprovechan
Los vuelos de tus alas,
Las puntas de tus flechas?»
¡Oh, cómo se lamenta!

1585

A Córdoba

¡Oh excelso muro, oh torres coronadas
De honor, de majestad, de gallardía!
¡Oh gran río, gran rey de Andalucía,
De arenas nobles, ya que no doradas!
¡Oh fértil llano, oh sierras levantadas,
Que privilegia el cielo y dora el día!
¡Oh siempre gloriosa patria mía,
Tanto por plumas cuanto por espadas!
Si entre aquellas ruinas y despojos
Que enriquece Genil y Dauro baña
Tu memoria no fue alimento mío,
Nunca merezcan mis ausentes ojos
Ver tu muro, tus torres y tu río,
Tu llano y sierra, ¡oh patria, oh flor de
España!

1585

Ensíllenme el asno rucio

«Ensíllenme el asno rucio
Del alcalde Antón Llorente,
Dénme el tapador de corcho
Y el gabón de paño verde,
El lanzón en cuyo hierro
Se han orinado los meses,
El casco de calabaza
Y el vizcaíno machete,
Y para mi caperuza
Las plumas del tordo dénme,
Que por ser martín el tordo,
Servirán de martinetes.
Pondréle el orillo azul
Que me dio para ponelle
Teresa la del Villar,
Hija de Pascual Vicente;
Y aquella patena en cuadro
Donde de latón se ofrecen
La madre del virotero
Y aquel Dios que calza arneses,
Tan en pelota y tan juntos,
Que en nudos ciegos los tienen,
Al uno redes y brazos
Y al otro brazos y redes;
Cuyas figuras en torno
Acompañan y guarnecen
Ramos de nogal y espigas,
Y por letra: Pan y nueces.»
Esto decía Galayo
Antes que al Tajo partiese;

¡aquel yegüero llorón,
Aquel jumental jinete,
Natural de do nació,
De yegüeros descendiente,
Hombres que se proveen ellos,
Sin que los provean los Reyes!
Trajéronle la patena,
Y suspirando mil veces
Del Dios garañón miraba
La dulce Francia y la suerte.
Piensa que será Teresa
La que descubren y prenden
Agudos rayos de envidia,
Y de celos nudos fuertes:
«Teresa de mis entrañas,
No te gazmies ni ajaqueques;
Que no faltarán zarazas
Para los perros que muerden.
Aunque es largo mi negocio,
Mi vuelta será muy breve,
El día de san Ciruelo
O la semana sin viernes.
No te parezcas a Venus,
Ya que en beldad le pareces,
En hacer de tantos huevos
Tantas frutas de sartenes.
Cuando sola te imagines,
Para que de mí te acuerdes,
Ponle a un pantuflo aguileño
Un reverendo bonete.
Si creciere la tristeza,
Una lonja cortar puedes

De un jamón, que bien sabrá
Tornarte, de triste, alegre.
¡Oh, cómo sabe una lonja
Más que todos cuantos leen,
Y rabos de puercos más
Que lenguas de bachilleres!
Mira, amiga, tu pantuflo,
Porque verás, si le vieres,
Que se parece a mi cara
Como una leche a otra leche.
Acuérdate de mis ojos
Que están, cuando estoy ausente,
Encima de la nariz
Y debajo de la frente».
En esto llegó Bandurrio,
Diciéndole que se apreste;
Que para sesenta leguas
Le faltan tres veces veinte.
A dar, pues, se parte el bobo
Estocadas y reveses
Y tajos, orilla el Tajo,
En mil hermosos broqueles.

1585

En una enfermedad de don Antonio de Pazos, obispo
de Córdoba

Deste más que la nieve blanco toro,
Robusto honor de la vacada mía,
Y destas aves dos, que al nuevo día
Saludaban ayer con dulce lloro,
A ti, el más rubio dios del alto coro,
De sus entrañas hago ofrenda pía
Sobre este fuego, que vencido envía
Su humo al ámbar y su llama al oro,
Por que a tanta salud sea reducido
El nuestro sacro y docto pastor rico,
Que aun los que por nacer están le vean,
Ya que de tres coronas no ceñido,
Al menos mayoral del Tajo, y sean
Grana el gabán, armiños el pellico.

1586

Criábase el albanés

Criábase el albanés
En la corte de Amurates,
No como prendas cautivas
En rehenes de su padre,
Sino como se criara
El mayor de los sultanes,
Del Gran Señor regalado,
Querido de los Bajaes.
Mancebo de altos principios
Y de pensamientos graves,
De esperanzas vinculadas
Con su generosa sangre,
Gran capitán en las guerras,
Gran cortesano en las paces,
De los soldados escudo,
Espejo de los galanes;
Recién venido era entonces
De vencer y de ganalles,
Al Húngaro dos banderas,
Y al Sofí cuatro estandartes.
Mas ¿qué aprovecha domar
Invencibles capitanes
Y contraponer el pecho
A mil peligros mortales,
Si un niño ciego le vence,
No más armado que en carnes,
Y en el corazón le deja
Dos arpones penetrantes?
Dos penetrantes arpones,
Que son los ojos suaves

De las dos más bellas turcas
Que tiene todo el Levante;
Que no hay turquesas tan finas
Que a sus ojos se comparen;
Discretas en todo extremo,
Y de gracias singulares.
No le defendió el escudo,
Hecho de finos diamantes,
Porque el amoroso fuego
Es al rayo semejante:
Que el duro hierro en sus manos
Le disminuye y deshace;
No para en el hierro Amor
Que, sin errar tiro, sabe
Poner en el alma el hierro
Y en la cara las señales.
Fue tan desdichado en paz,
Cuanto en la guerra triunfante;
Rendido en paz de mujeres,
Siendo en guerra un fiero Marte,
Bien conoció su valor
Amor, pues para enlazalle
(Por tener sujeto Amor
Al que sujetó al dios Marte),
Un lazo vio que era poco,
Y quiso con dos vendalle.

1586

A don Luis de Vargas

Tú (cuyo ilustre, entre una y otra almena
De la Imperial Ciudad, patrio edificio
Al Tajo mira en su húmido ejercicio
Pintar los campos y dorar la arena),
Descuelga de aquel lauro enhorabuena
Aquellas dos (ya mudas en su oficio),
Reliquias dulces del gentil Salicio,
Heroica lira, pastoral avena.
Llégalas, oh clarísimo mancebo,
Al docto pecho, a la suave boca,
Poniendo ley al mar, freno a los vientos;
Sucede en todo al castellano Febo
(Que ahora es gloria mucha y tierra poca),
En patria, en profesión, en instrumentos.

1588

A la Tela de Justar de Madrid

—Téngoos, señora tela, gran mancilla.
—Dios la tenga de vos, señor soldado.
—¿Cómo estáis acá afuera? —Hoy me han echado,
Por vagabunda, fuera de la Villa.
—¿Dónde están los galanes de Castilla?
—¿Dónde pueden estar, sino en el Prado?
—¿Muchas lanzas habrán en vos quebrado?
—Más respeto me tienen: ¡ni una astilla!
—Pues ¿qué hacéis ahí? —Lo que esa puente,
Puente de anillo, tela de cedazo:
Desear hombres, como ríos ella,
Hombres de duro pecho y fuerte brazo.
—Adiós, tela, que sois muy maldiciente,
Y ésas no son palabras de doncella.

1588

Del marqués de Santa Cruz

No en bronces, que caducan, mortal mano,
Oh católico Sol de los Bazanes
(Que ya entre gloriosos capitanes
Eres deidad armada, Marte humano),
Esculpirá tus hechos, sino en vano,
Cuando descubrir quiera tus afanes
Y los bien reportados tafetanes
Del turco, del inglés, del lusitano.
El un mar de tus velas coronado,
De tus remos el otro encanecido,
Tablas serán de cosas tan extrañas.
De la inmortalidad el no cansado
Pincel las logre, y sean tus hazañas
Alma del tiempo, espada del olvido.

1588

Duélete de esa puente, Manzanares

Duélete de esa puente, Manzanares;
Mira que dice por ahí la gente
Que no eres río para media puente,
Y que ella es puente para muchos mares.
Hoy, arrogante, te ha brotado a pares
Húmedas crestas tu soberbia frente,
Y ayer me dijo humilde tu corriente
Que eran en marzo los caniculares.
Por el alma de aquel que ha pretendido
Con cuatro onzas de agua de chicoria
Purgar la villa y darte lo purgado,
Me dí ¿cómo has menguado y has crecido?
¿Cómo ayer te vi en pena, y hoy en gloria?
—Bebióme un asno ayer, y hoy me ha meado.

1588

Grandes, más que elefantes y que abadas

    Grandes, más que elefantes y que abadas,
    Títulos liberales como rocas,
    Gentiles hombres, solo de sus bocas,
    Illustri cavaglier, llaves doradas;
    Hábitos, capas digo remendadas,
    Damas de haz y envés, viudas sin tocas,
    Carrozas de ocho bestias, y aun son pocas
    Con las que tiran y que son tiradas;
    Catarriberas, ánimas en pena,
    Con Bártulos y Abades la milicia,
    Y los derechos con espada y daga;
    Casas y pechos todo a la malicia;
    Lodos con perejil y yerbabuena:
    Esto es la Corte. ¡Buena pro le haga!

1588

Por niñear, un picarillo tierno

Por niñear, un picarillo tierno,
Hurón de faltriqueras, subtil caza,
A la cola de un perro ató por maza
(Con perdón de los clérigos) un cuerno.
El triste perrinchón en el gobierno
De una tan gran carroza se embaraza;
Grítale el pueblo, haciendo de la plaza
(Si allá se alegran) un alegre infierno.
Llegó en esto una viuda mesurada,
Que entre los signos, ya que no en la gloria,
Tiene a su esposo, y dijo: «Es gran bajeza
Que un gozque arrastre así una ejecutoria
Que ha obedecido tanta gente honrada,
Y se la ha puesto sobre su cabeza».

1588

Pensó rendir la mozuela

Pensó rendir la mozuela
El Alférez de mentira,
Soldado por cien mil partes,
Y rompido por las mismas.
Pensó que la sujetara
El gavión de la liga,
Y de las terciadas plumas
La crespa volatería;
Y la capa verde oscura,
Golpeada la capilla
En más inciertos reveses
Que una mula, y sea la mía;
Y la saltaembarca azul,
Con más corchetes de alquimia
Que la noche de San Juan
Saca toda la justicia:
Y los gregüescos de seda
Aforrados en telilla,
Mucho más acuchillados
Que mulatos en esgrima;
Y la espada en tiros cortos
Mal pendiente de la cinta,
Por las obras temerosa,
Por las palabras temida.
Pensó con lo dicho el hombre
Sujetar la mujercilla,
Torciendo rubíes bigotes,
Ayudados de alquitira;
Hablándola con los ojos,
Pisando de gallardía,

Suspirando por la calle
Y apuntalando su esquina.
Camafeo de la moza
Ser el necio pretendía,
Y a la verdad era feo,
Aunque cama no tenía;
Pero tenía un rasguño
De el bigote para arriba,
Que le hizo de merced
El padre de las pupilas;
Y aun creo que al otro lado
Le hubiera hecho otra firma,
A no tenelle ocupado
Con no sé qué niñería,
Con un cierto bofetón
Que en la casa de Sevilla
Llevó, vencido en la entrada
Con las manos menos limpias.
Una, pues, alegre noche,
Que la halló por su desdicha
Alumbrando con su cara
Su calleja sin salida,
Llegándose poco a poco
Debajo la ventanilla.
Como estudiante francés,
Este salmo le decía:
«Yo soy de Santo Domingo,
Una ciudad de Castilla,
Donde, aunque es de la Calzada,
Hay descalzas hidalguías;
Bien nacido como el Sol,
Gracias a los Chavarrías;

Inquieto fui desde niño,
Inclinado a la milicia.
Apenas tenía quince años,
Cuando un día a mediodía
Dejé mi tierra por Flandes,
Sepulcro de nuestras crismas;
Donde padecí peligros
Tan grandes, que juraría
Que no me halló la muerte
Porque triunféis de mi vida.
Cuando en el cerco de Ipré
Estaba yo en Gravelinga
Con un bravo romadizo,
Sonando la batería,
Nunca salí de mi tienda
Mientras Anvérs padecía,
Porque no me acabó un sastre
Unas calzas amarillas.
Y aun allí por mi ventura
No me halló una culebrina,
Que me pasó por los ojos
Poco más de media milla.
Otra vez que hubo en Bruselas
Una pendencia reñida.
Puse paz desde un terrado,
Aunque casi no me oían;
Y aun me acuerdo, por más señas,
Que todo el mundo decía
Que, a ser yo de la pendencia,
Me prendiera la justicia.
Dejé al fin guerras y Flandes
Porque era tierra tan fría,

Y yo, triste, andaba enfermo
De cámaras cada día.
Como partí de allá pobre,
Atravesé a Picardía,
Y en un bergantín el mar
De la Rochela a Galicia.
De el golfo de estas desgracias,
Señora, he llegado a vista
De Vuesamerced. Dios quiera
Que fuese en su enjuta orilla.
Bien le debo a la fortuna
El fin de tantas desdichas;
Mas otra fuerza mejor
De todas ellas me libra,
Porque al salir de mi tierra
Saqué, entre muchas reliquias,
Algunas plumas de el gallo,
Pero más de la gallina.
Asado vivo por vos
Y quisiera, reina mía,
Que, ya que habéis sido fuego,
Fuérades también parrillas.»
Atenta escuchó la moza
Toda la oración prolija,
Unas veces con enfado,
Pero más veces con risa.
No le respondió palabra;
Mas ella, y otra su prima.
Le exprimieron al asado
El zumo de una jeringa.

1588

De la armada que fue a Inglaterra

Levanta, España, tu famosa diestra
Desde el francés Pirenne al moro Atlante,
Y al ronco son de trompas belicosas
Haz, envuelta en durísimo diamante,
De tus valientes hijos feroz muestra
Debajo de tus señas victoriosas;
Tal, que las flacamente poderosas
Fieras naciones contra tu fe armadas,
Al claro resplandor de tus espadas
Y a la de tus arneses fiera lumbre,
Con mortal pesadumbre,
Ojos y espaldas vuelvan,
Y como al Sol las nieblas, se resuelvan;
O cual la blanda cera desatados
A los dorados luminosos fuegos
De los yelmos grabados,
Queden, como de fe, de vista ciegos.
Tú, que con celo pío y noble saña
El seno undoso al húmido Neptuno
De selvas inquietas has poblado,
Y cuantos en tus reinos uno a uno
Empuñan lanza contra la Bretaña,
Sin perdonar al tiempo, has enviado
En número de todo tan sobrado,
Que a tanto leño el húmido elemento
Y a tanta vela es poco todo el viento,
Fía que en sangre del inglés pirata,
Teñirá de escarlata
Su color verde y cano
El rico de ruinas Océano;

Y aunque de lejos con rigor traídas,
Ilustrará tus playas y tus puertos
De banderas rompidas,
De naves destrozadas, de hombres muertos.
Oh ya isla católica, y potente
Templo de fe, ya templo de herejía,
Campo de Marte, escuela de Minerva,
Digna de que las sienes que algún día
Ornó corona real de oro luciente,
Ciña guirnalda vil de estéril hierba,
Madre dichosa y obediente sierva
De Arturos. de Eduardos y de Enricos,
Ricos de fortaleza, y de fe ricos;
Ahora condenada a infamia eterna
Por la que te gobierna
Con la mano ocupada
Del huso en vez de sceptro y de la espada;
Mujer de muchos, y de muchos nuera
¡oh reina torpe, reina no, mas loba
Libidinosa y fiera,
Fiamma dal ciel su le tue trezze piova!
Tú, en tanto, mira allá los otomanos,
Las Jonias aguas que el Sicano bebe,
Sembrar de armados árboles y entenas,
Y con tirano orgullo en tiempo breve,
Domando cuellos y ligando manos,
Y sus remos hiriendo las arenas,
Despoblar islas y poblar cadenas.
Mas cuando su arrogancia y nuestro ultraje
No encienda en ti un católico coraje,
Mira (si con la vista tanto vuelas),
Entre hinchadas velas

El soberbio estandarte
Que a los cristianos ojos (no sin arte),
Como en desprecio de la Cruz sagrada.
Más desenvuelve mientras más tremola,
Entre lunas bordada
Del caballo feroz la crespa cola.
Fija los ojos en las blancas lunas,
Y advierte bien, en tanto que tú esperas
Gloria naval de las britanas lides,
No se calen rayendo tus riberas,
Y pierdan el respeto a las columnas,
Llaves tuyas y término de Alcides;
Mas si con la importancia el tiempo mides,
Enarbola, oh gran madre, tus banderas,
Arma tus hijos, vara tus galeras,
Y sobre los castillos y leones
Que ilustran tus pendones,
Levanta aquel león fiero
Del tribu de Judá, que honró el madero,
Que él hará que tus brazos esforzados
Llenen el mar de bárbaros nadantes
Que entreguen anegados
Al fondo el cuerpo, al agua los turbantes.
Canción, pues que ya aspira
A trompa militar mi tosca lira,
Después me oirán (si Febo no me engaña)
El carro helado y la abrasada zona
Cantar de nuestra España
Las armas, los triunfos, la corona.

1588

En una aldea de corte

En una aldea de corte
Que hace a la corte aldea,
Alojóse un capitán
Más de paz que no de guerra;
Y si de alguna podía,
La guerra de amores era,
Que era el extremo de gala
Que tuvo la soldadesca.
No hizo oficio de huésped,
Ni salió como debiera,
Pues de la casa del suyo
Se llevó la mejor prenda.
No semejante al troyano
Que robó por fuerza a Elena,
Que ella se fue de su gusto
Si sabello dar no es fuerza.
Una villana graciosa,
Del huésped hija doncella,
Enamorada de verle
Las borlas de la gineta,
Y las plumas de un sombrero,
Pajizas, blancas y negras,
Con una cifra de plata
Medalla de la roseta,
Como es propio de mujeres
Dejarse llevar sin rienda,
Enamoradas de plumas,
Que es aire de su veleta,
Concertaron una noche
Que por una falsa puerta

Saliese al cuerpo de guardia
A dar el suyo sin ella.
Vestida en hábito de hombre,
Bizarro calzón y media,
Que por lo que de él sabía
No lo tuvo a cosa nueva,
Caminó toda la noche
Y gran parte de la siesta,
Que como sale briosa
No la cansan muchas leguas.
Contenta de verse libre,
Siempre tomando boleta,
Mientras duerme el capitán
Cantaba de esta manera:
«Seguir al Amor me place
Aunque rabie mi madre.

Amor dulce y regalado,
Galán como enamorado,
Valiente como soldado,
Vuestras guerras son mis paces,
Aunque rabie mi madre.

Dejaré por él mi tierra,
Pues el amor me destierra;
Que más quiero aquesta guerra
Que paz con tantos azares,
Aunque rabie mi madre.

De verme más se despida,
Que no quiero estar metida
Donde allí acabe mi vida

Labrando sus ajuares,
Aunque rabie mi madre.

Sus pensamientos son vanos,
Que quiero mucho mis manos;
Y si allá me honran villanos,
Acá me estiman guzmanes,
Aunque rabie mi madre.»

1588

La villana de las borlas

La villana de las borlas
Con la medalla de plata
Que se fue con el soldado
Enamorado de lanzas
Ha vuelto ya de la guerra
Con las armas destrozadas,
Y de las muchas heridas
Viene rota y maltratada.
El sombrero trae francés,
Vuelta la copa a la falda,
Con una pluma de gallo
A la valona terciada;
Por roseta un mondadientes
Y por toquilla una banda;
Una saltambarca rota,
De puro saltar en barca,
Y de la brea y resina
No poco sucia la saya,
Que quien anda por galera
Ha de limpiar muchas tablas.
Una camisa de angeo
Y un alzacuello de palma,
Una gorguera de puntas
Almidonada con grasa;
Gran copia de tembladeras
Que las más dellas se rasgan,
Despojos de la victoria,
Cautivos de las hilachas;
Un zapato alpargatado,
Sin cairel, labor ni gala,

Porque era fino alpargate
Teñido en sangre de vaca.
Solía traer botines
Mas ya, de puro cansada,
Juró de no los traer
Hasta la vuelta de Francia.
Pudiera ponerse ligas,
Pero faltaban las calzas.
Y por ahorrar de sobras
Empeñólas por las faltas.
Las faldas de la camisa
Bien se pueden llamar faldas,
Que son de una sarga vieja
Toda pintada de urracas.
Y puesta a la delantera
Una cabeza de fama
—Que acaso puso el pintor
De don Amadís de Gaula—,
Más poderosa defensa
Que todo el cuerpo de guardia,
Pues unas haldas curiosas
Están muy cerca de malas.
Al fin, la villana vino,
Su buena madre la abraza,
Puesto que nadie no entienda
Que viene al uso de Italia.
Fratelos llama a los mozos,
Sorelas a las criadas,
A la ternera, vitela,
Y a los pucheros, piñatas.
Contó de las hosterías,
Alojamientos y casas,

Del hurtar de las gallinas,
Y esconder la ropa blanca.
Dijo nombres de galeras
Y qué eran mástil y gavias,
Y del cañón de crujía
Contó millones de gracias.
Con esto el padre y el pueblo
Le llaman la Italiana,
El sacristán la visita
Por saber cosas de Italia;
Mas ella, que verse espera
Segunda vez en la armada,
Esperando gente nueva
Ejercitaba las armas.

1588

De San Lorenzo el real del Escorial

Sacros, altos, dorados capiteles,
Que a las nubes borráis sus arreboles,
Febo os teme por más lucientes soles
Y el cielo por gigantes más crueles.
Depón tus rayos, Júpiter; no celes
Los tuyos, Sol; de un templo son faroles
Que al mayor mártir de los españoles
Erigió el mayor rey de los fieles.
Religiosa grandeza del Monarca
Cuya diestra real al Nuevo Mundo
Abrevia, y el Oriente se le humilla.
Perdone el tiempo, lisonjee la Parca
La beldad desta Octava Maravilla,
Los años deste Salomón Segundo.

1589

Famosos son en las armas

Famosos son en las armas
Los moros de Canastel,
Valentísimos son todos.
Y más que todos Hacén,
El Roldán de Berbería,
El que se ha hecho temer
En Orán del castellano,
Y en Ceuta del portugués.
Tan dichoso fuera el moro
Cuan dichoso podía ser,
Si le bastara la adarga
Contra una flecha cruel,
Que de un arco de rigor
Con un arpón de desdén
Le despidió Belerifa,
La hija de Alí Muley.
Atento a sus demasías
En amar y aborrecer,
Quiso el niño Dios vendado
Ser testigo y ser juez.
Miraba el fiero africano
Rendido más de una vez
A una esperanza traidora
Y a un desengaño fiel,
Ya rindiendo a su enemiga
Y entregándole a merced
Las llaves del albedrío.
Los pendones de la fe;
Mirábale en los ramblares,
Ora a caballo, ora a pie,

Rendir al fiero animal
De las otras fieras rey,
Y de la real cabeza
Y de la espantosa piel
Ornar de su ingrata mora
La respetada pared.
Mirábale el más galán
De cuantos África ve
En servicio de las damas
Vestir morisco alquicel,
—Sobre una yegua morcilla,
Tan extremo en el correr
Que no logran las arenas
Las estampas de sus pies:
Admirablemente ornada
De un bien labrado jaez,
Obra al fin en todo digna
De artífice cordobés—
Solicitar los balcones
Donde se anida su bien,
Comenzando en armonía
Y feneciendo en tropel.
No le dio al hijo de Venus
El moro poco placer,
Y detestando el rigor
Que se usaba contra él,
Miraba a la bella mora
Salteada en su vergel
De un cuidado, que es amor,
Aunque no sabe quién es,
Ya en el oro del cabello
Engastando algún clavel,

Ya a las lisonjas del agua
Corriendo con vana sed.
De pechos sobre un estanque
Hace que a ratos estén
Bebiendo sus dulces ojos
Su hermoso parecer.
Admiradas sus cautivas
Del cuidado en que la ven,
Risueña le dijo una,
Y aun maliciosa también:
«Así quiera Dios, Señora,
Que alegre yo vuelva a ver
Las generosas almenas
De los muros de Jerez,
Como esa curiosidad
Es cuna a mi parecer
De un Amor recién nacido,
Que volará antes de un mes.»
Sembró de purpúreas rosas
La vergüenza aquella tez,
Que ya fue de blancos lilios,
Sin saberla responder.
Comenzó en esto Cupido
A disparar y a tender
La más que mortal saeta,
La más que nudosa red;
Y comenzó Belerifa
A hacer contra Amor después
Lo que contra el rubio Sol
La nieve suele hacer.

1590

Ah, mis señores poetas

¡Ah, mis señores poetas,
Descúbranse ya esas caras,
Desnúdense aquesos moros
Y acábense ya esas zambras!:
Váyase con Dios Gazul,
Lleve el diablo a Celindaja,
Y vuelvan esas marlotas
A quien se las dio prestadas,
Que quiere doña María
Ver bailar a doña Juana
Una gallarda española,
Que no hay danza más gallarda;
Y don Pedro y don Rodrigo
Vestir otras más galanas,
Ver quién son estos danzantes,
Y conocer estas damas;
Y el señor Alcaide quiere
Saber quién es Abenámar,
Estos Cegríes, Aliatares,
Adulces, Zaides y Audallas;
Y de qué repartimiento
Son Celinda y Guadalara,
Estos moros y estas moras
Que en todas las bodas danzan;
Y por hablarles más claro,
Así tengan buena pascua:
¿ha venido a su noticia
Que hay cristianos en España?;
¿quieren que diga el hereje
Que en nuestra fe sacrosanta

De los nombres de la pila
Se nos sigue alguna infamia?;
¿saben si alguna nación,
Persa, escita u otomana,
A nuestros nombres celebran,
Y cantan nuestras hazañas?
Si dicen que no lo ignoran,
¿por qué las cuentan y cantan,
En nombre de los moriscos,
Abatiendo nuestras lanzas,
Y cubren nuestras naciones
De alquiceles y almalafas,
Y mil falsos testimonios
A los moriscos levantan?
¡Están Fátima y Jarifa
Vendiendo higos y pasas
Y cuenta Lagarto Hernández
Que danzan en el Alhambra!
¡Estánse los Aliatares
Tejiendo seras de palma,
Y Almadán sembrando coles
Y levántanles que rabian!
¡Viene Arbolán todo el día
De cavar cien aranzadas
Por un puñado de harina
Y una tarja horadada,
Y viene otra delincuente,
Y sácale a la mañana
A la gineta y vestido
De verde y flores de plata!
¡Y al Cegrí, que con dos asnos
De echar agua no se cansa,

El otro disciplinante
Píntale rompiendo lanzas!
¡Hace Muza sus buñuelos:

Dice el otro «Aparta, aparta,
Que entra el valeroso Muza,
Cuadrillero de unas cañas»!
¡Los de la Santa Hermandad,
Por delitos que otros hagan,
Os saquen, samaritanos,
A virotazos el alma!
¡Dejáis un fuerte Bernardo,
Vivo honor de nuestra España,
Asombro de la morisma,
Temor general de Francia!;
¡dejáis un Cid Campeador,
Un Diego Ordóñez de Lara,
Un valiente Arias Gonzalo,
Y un famoso Rodrigo Arias;
Y a aquellos héroes famosos,
Dignos de gloriosa fama,
Que eternizó sus memorias
La conquista de Granada,
Y celebran chusmas moras
Vuestros cantos de cigarra,
Hechos pobres mendigantes,
Del Albaicín a la Alhambra!

Si importa callar los nombres,
Porque lo impiden las causas
¿por qué no vais a buscarlos
A las selvas y cabañas,

A las banderas francesas,
O a las legiones romanas,
A Cartago o a Sagunto
O a la felice Numancia?...
Mas ¿do vuelas, pluma mía?
¡tente, que vas desmandada;
Que haces mal en condenar
Invencibles ignorancias!

1592

A don Cristóbal de Mora

Árbol de cuyos ramos fortunados
Las nobles moras son quinas reales,
Teñidas en la sangre de leales
Capitanes, no amantes desdichados;
En los campos del Tajo más dorados
Y que más privilegian sus cristales,
A par de las sublimes palmas sales,
Y más que los laureles levantados.
Gusano, de tus hojas me alimentes,
Pajarilla, sosténganme tus ramas,
Y ampáreme tu sombra, peregrino.
Hilaré tu memoria entre las gentes,
Cantaré enmudeciendo ajenas famas,
Y votaré a tu templo mi camino.

1593

Muerto me lloró el Tormes en su orilla

Muerto me lloró el Tormes en su orilla,
En un parasismal sueño profundo,
En cuanto don Apolo el rubicundo
Tres veces sus caballos desensilla.
Fue mi resurrección la maravilla
Que de Lázaro fue la vuelta al mundo,
De suerte que ya soy otro segundo
Lazarillo de Tormes en Castilla.
Entré a servir a un ciego, que me envía,
Sin alma vivo, y en un dulce fuego,
Que ceniza hará la vida mía.
¡Oh qué dichoso que sería yo luego,
Si a Lazarillo le imitase un día
En la venganza que tomó del ciego!

1593

Un buhonero ha empleado

1   Un buhonero ha empleado
En higas hoy su caudal,
Y aunque no son de cristal,
Todas las ha despachado;
Para mí le he demandado,
Cuando verdades no diga,
   Una higa.

2   Al necio, que le dan pena
Todos los ajenos daños,
Y aunque sea de cien años,
Alcanza vista tan buena,
Que ve la paja en la ajena
Y no en la suya dos vigas,
   Dos higas.

3   Al otro que le dan jaque
Con una dama atreguada,
Y más bien peloteada
Que la Coruña del Draque,
Y fiada del zumaque
Le desmiente tres barrigas,
   Tres higas.

4   Al marido que es tan llano
Sin dar un maravedí,
Que le hinche el alholí
Su mujer cada verano,
Si piensa que grano a grano
Se lo llegan las hormigas,

  Cuatro higas.

5 Al que pretende más salvas
  Y ceremonias mayores
  Que se deben, por señores,
  A los infantados y Albas,
  Siendo nacido en las malvas
  Y criado en las ortigas,
   Cinco higas.

6 Al pobre pelafustán
  Que de arrogancia se paga,
  Y presenta la biznaga
  Por testigo del faisán,
  Viendo que las barbas dan
  Testimonio de las migas,
   Seis higas.

7 Al que de sedas armado
  Tal para Cádiz camina,
  Que ninguno determina
  Si es bandera o si es soldado,
  De su voluntad forzado,
  Llorado de sus amigas,
   Siete higas.

8 Al mozuelo que en cambray,
  En púrpura y en olores
  Quiere imitar sus mayores,
  De quien hoy memorias hay,
  Que los sayos de contray
  Aforraban en lorigas,

    Ocho higas.   9
Al bravo que echa de vicio,
Y en los corrillos blasona
Que mil vidas amontona
A la muerte en sacrificio,
No tiniendo del oficio
Más que mostachos y ligas,
    Nueve higas.   10
Al pretendiente engañado,
Que puesto que nada alcanza,
Da pistos a la esperanza
Cuando más desesperado,
Figurando ya granado
El fruto de sus espigas,
    Diez higas.

1593

A una casa de campo donde estaba una dama a quien
        celebraba

   Si ya la vista, de llorar cansada,
   De cosa puede prometer certeza,
   Bellísima es aquella fortaleza
   Y generosamente edificada.
   Palacio es de mi bella celebrada,
   Templo de Amor, alcázar de nobleza,
   Nido del Fénix de mayor belleza
   Que bate en nuestra edad pluma dorada.
   Muro que sojuzgáis el verde llano,
   Torres que defendéis el noble muro,
   Almenas que a las torres sois corona,
   Cuando de vuestro dueño soberano
   Merezcáis ver la celestial persona,
   Representadle mi destierro duro.

1594

De un caminante enfermo que se enamoró donde fue
    hospedado

    Descaminando, enfermo, peregrino
En tenebrosa noche, con pie incierto
La confusión pisando del desierto,
Voces en vano dio, pasos sin tino.
Repetido latir, si no vecino,
Distincto oyó de can siempre despierto,
Y en pastoral albergue mal cubierto
Piedad halló, si no halló camino.
Salió el Sol, y entre armiños escondida,
Soñolienta beldad con dulce saña
Salteó al no bien sano pasajero.
Pagará el hospedaje con la vida;
Más le valiera errar en la montaña,
Que morir de la suerte que yo muero.

1594

A una sangría de un pie

Herido el blanco pie del hierro breve,
Saludable si agudo, amiga mía,
Mi rostro tiñes de melancolía,
Mientras de rosicler tiñes la nieve.
Temo (que quien bien ama, temer debe)
El triste fin de la que perdió el día,
En roja sangre y en ponzoña fría
Bañado el pie que descuidado mueve.
Temo aquel fin, porque el remedio para,
Si no me presta el sonoroso Orfeo
Con su instrumento dulce su voz clara.
¡Mas ay, que cuando no mi lira, creo
Que mil veces mi voz te revocara,
Y otras mil te perdiera mi deseo!

1595

Ya de mi dulce instrumento

Ya de mi dulce instrumento
Cada cuerda es un cordel,
Y en vez de vihuela, él
Es potro de dar tormento;
Quizá con celoso intento
De hacerme decir verdades,
Contra estados, contra edades,
Contra costumbres al fin.
No las comente el ruin,
Ni las tuerza el enemigo,
Y digan que yo lo digo.
Si el pobre a su mujer bella
Le da licencia que vaya
A pedir sobre la saya,
Y le dan debajo della,
¿Qué gruñe?, ¿qué se querella
Que se burlan dél los Ecos?
¿Y qué teme en años secos,
Si el necio a su casa lleva
Quien en años secos llueva?
Coja, pues, en paz su trigo,
Y diga que yo lo digo.
De veinte y cuatro quilates
Es como un oro la niña,
Y hay quien le dé la basquiña
Y la sarta de granates:
Tiénelo por disparates
Su madre y búrlase dello;
Mas él se los echa al cuello,
Porque el mismo fruto espera

Que han de hacer, que en la higuera
La sarta del cabrahigo;
Y digan que yo lo digo.
Del mercader, si es lo mismo,
Con vara y pluma en la mano,
Condenarse en castellano
Que irse al infierno en guarismo,
Desátenme el silogismo
Sus pulgadas y sus ceros,
Su conciencia y sus dineros,
Y tenga por cosa cierta
Que, si le cierran la puerta,
En el Cielo no hay postigo;
Y diga que yo lo digo.
Ver sus tocas blanquear
A la viuda, eso me mueve
Que ver cubierto de nieve
El puerto del Muladar;
Déjase a solas pasar
De cualquiera forastero,
O peón o caballero;
Y con sus amigas llora
A su esposo la señora,
Como la Cava a Rodrigo;
Y digan que yo lo digo.
Viendo el escribano que
Dan a su legalidad
(Por ser poco el de verdad),
Nombre las leyes de fe,
Su pluma sin ojos ve,
Y su bolsa, aunque sin lengua,
Por la boca crece o mengua

Las razones del culpado,
La bolsa hecha abogado,
La pluma hecha testigo;
Y digan que yo lo digo.
Como consulta la dama
Con el espejo su tez,
¿No consultará una vez
Con la honestidad su fama?
Áspid al vecino llama
Que la muerde el calcañar,
Cuando sale a visitar
Al copete o la corona,
Y a los dos no les perdona
Desde la joya al bodigo;
Y digan que yo lo digo.
Milagros hizo, por cierto,
Un Alcalde, y lo vi yo,
Que siendo vivo le dio
Almas de oro a un gato muerto;
Y aun es de tanto concierto
Que se iguala y no se ajusta,
Y si acaso a doña Justa
Algo entre platos le viene,
Deja la verdad, y tiene
A Platón por más amigo;
Y digan que yo lo digo.
Éntrase en vuestros rincones
Comadreando la vieja,
Bien como la comadreja
En nido de gorriones;
Con madejas y oraciones
Os quiebra o degüella en suma,

Ora en huevos, ora en pluma,
La honra de vuestra hija;
Destas terceras, clavija
Sea la rama de un quejigo;
Y digan que yo lo digo.
El doctor mal entendido,
De guantes no muy estrechos,
Con más homicidios hechos
Que un catalán forajido,
Si son de puñal buido
Las hojas de su Galeno,
Y si partir puede el freno
Y el dinero con su mula,
Mate, y sírvale de bula
La carta que trae consigo;
Y diga que yo lo digo.

1595

Cosas, Celalba mía, he visto extrañas

Cosas, Celalba mía, he visto extrañas:
Cascarse nubes, desbocarse vientos,
Altas torres besar sus fundamentos,
Y vomitar la tierra sus entrañas;
Duras puentes romper, cual tiernas cañas;
Arroyos prodigiosos, ríos violentos,
Mal vadeados de los pensamientos,
Y enfrenados peor de las montañas;
Los días de Noé, gentes subidas
En los más altos pinos levantados,
En las robustas hayas más crecidas.
Pastores, perros, chozas y ganados
Sobre las aguas vi, sin forma y vidas,
Y nada temí más que mis cuidados.

1596

Cuantas al Duero le he negado ausente

Cuantas al Duero le he negado ausente,
Tantas al Betis lágrimas le fío,
Y, de centellas coronado, el río
Fuego tributa al mar de urna ya ardiente.
Volcán desta agua y destas llamas fuente
Es, ingrata señora, el pecho mío;
Los suspiros lo digan que os envío,
Si la selva lo calla, que lo siente.
Cenefas de este Erídano segundo
Cenizas son; igual mi llanto tierno
A la de Faetón loca experiencia.
Arde el río, arde el mar, humea el mundo;
Si del carro del Sol no es mal gobierno,
Lágrimas y suspiros son de ausencia.

1596

A don Pedro Venegas, a cuya casa iaba a jugar algunos días

Temo tanto los serenos,
Serenísimo compadre,
Que a mis picados deseos
Les doy la casa por cárcel.
Escapé de las Quemadas
Con un romadizo grave;
Porque sienes de poetas
No se entienden con el aire.
Y así, guardo mi persona
Debajo de treinta llaves,
Porque donde no hay salud,
Ni hay gracia ni habrá sepades.
Sabe Dios, señor don Pedro,
Si yo fuera allá esta tarde,
Si no temiera los bordes
De los candeleros grandes,
Ya que los de las bujías
Cual pecados veniales,
Gastaron de agua bendita
Lo que ahorraron de sangre.
Témoos mucho, porque sé
Que padecieron seis naipes
Muerte y pasión porque algunos
Pecadores se salvasen;
Pecadores que se ponen
Por lo menos a llevarse
Desde la oreja al bigote
Los puntos que no lograstes.
Mas al fin en esas cartas

La cólera desarmastes,
Como el toro, que en la capa
Ejecuta su coraje.
Sin duda el lagarto rojo,
Que os marca la mejor parte
Del pecho, cuando perdéis
Os da bocados mortales;
O lo que tiene de espada
Lo muestra en atravesarse
Por el tierno corazón
Que afligidas alas bate.
Gallarda insignia, esplendor
De reales estandartes,
Que das esfuerzo en las guerras
Y calidad en las paces,
Si ya en tu virtud hicieron
Los antiguos capitanes
Ríos de sangre africana,
Montes de cuerpos alarbes,
No permitas que un cruzado,
En tu orden militante
Soberbias armas empuñe
Y humildes cristianos mate.
Con todo eso, saldré al campo
Con tal que no muera nadie,
Y que al balcón de la alcoba
Nos parta el Sol de la tarde,
Hasta la hora que Reyes,
Mulatero gerifalte,
Se ceba en pechos de grajas
Y en piernas de alcarabanes.
Buenas noches, gran señor

Del pueblo de Gruñimaque,
Y tan buenas, que el doctor
No os ronde los arrabales.

1596

A la Arcadia, de Lope de Vega Carpio
(se le atribuye)

Por tu vida, Lopillo, que me borres
Las diez y nueve torres del escudo,
Porque, aunque todas son de viento, dudo
Que tengas viento para tantas torres.
  ¡Válgame los de Arcadia! ¿No te corres
Armar de un pavés noble a un pastor rudo?
¡Oh tronco de Micol, Nabal barbudo!
¡Oh brazos Leganeses y Vinorres!
  No le dejéis en el blasón almena.
Vuelva a su oficio, y al rocín alado
En el teatro sáquenle los reznos.
  No fabrique más torres sobre arena,
Si no es que ya, segunda vez casado,
Nos quiere hacer torres los torreznos.

1598

Al montesanto de Granada

Este monte de cruces coronado,
Cuya siempre dichosa excelsa cumbre
Espira luz y no vomita lumbre,
Etna glorioso, Mongibel sagrado,
Trofeo es dulcemente levantado,
No ponderosa grave pesadumbre,
Para oprimir sacrílega costumbre
De bando contra el cielo conjurado.
Gigantes miden sus ocultas faldas,
Que a los cielos hicieron fuerza, aquella
Que los cielos padecen fuerza santa.
Sus miembros cubre y sus reliquias sella
La bien pasada tierra. Veneradlas
Con tiernos ojos, con devota planta.

1598

Burlándose de un caballero prevenido para unas fiestas

    Sea bien matizada la librea,
Las plumas de un color, negro el bonete,
La manga blanca, no muy de roquete,
Y atada al brazo prenda de Niquea;
Cifra que hable, mote que se lea,
Bien guarnecida espada de jinete,
Borceguí nuevo, plata y tafilete,
Jaez propio, bozal no de Guinea;
Caballo valenzuela bien tratado,
Lanza que junte el cuento con el hierro,
Y sin veleta al Amadís, que espera
Entrar cuidosamente descuidado,
Firme en la silla, atento en la carrera...
Y quiera Dios que se atraviese un perro.

1598

Al nacimiento de Cristo, Nuestro Señor

Pender de un leño, traspasado el pecho,
Y de espinas clavadas ambas sienes,
Dar tus mortales penas en rehenes
De nuestra gloria, bien fue heroico hecho;
Pero más fue nacer en tanto estrecho,
Donde, para mostrar en nuestros bienes
A donde bajas y de donde vienes,
No quiere un portalillo tener techo.
No fue esta más hazaña, oh gran Dios mío,
Del tiempo por haber la helada ofensa
Vencido en flaca edad con pecho fuerte
(Que más fue sudar sangre que haber frío),
Sino porque hay distancia más inmensa
De Dios a hombre, que de hombre a muerte.

1600

De unos papeles que una dama le había escrito,
    restituyéndoselos

Yacen aquí los huesos sepultados
De una amistad que al mundo será una,
O ya para experiencia de fortuna
O ya para escarmiento de cuidados.
Nació entre pensamientos, aunque honrados,
Grave al amor, a muchos importuna;
Tanto que la mataron en la cuna
Ojos de invidia y de ponzoña armados.
Breve urna los sella como huesos,
Al fin, de malograda criatura,
Pero versos los honran inmortales,
Que vivirán en el sepulcro impresos,
Siendo la piedra Felixmena dura,
Daliso el escultor, cincel sus males.

1600

Las tablas del bajel despedazadas

Las tablas del bajel despedazadas
(Signum naufragii pium et crudele),
Del tempio sacro, con le rotte vele,
Ficaraon nas paredes penduradas.
Del tiempo las injurias perdonadas,
Et Orionis vi nimbosae stellae
Raccoglio le smarrite pecorelle
Nas ribeiras do Betis espalhadas.
Volveré a ser pastor, pues marinero
Quel Dio non vuol, che Sol suo strale sprona
Do Austro os assopros e do Oceám as agoas;
Haciendo al triste son, aunque grosero,
Di questa canna, già selvaggia donna,
Saudade a as feras, e aos penedos magoas.

1600

Los dineros del Sacristán

Los dineros del Sacristán
Cantando se vienen y cantando se van.
Tres hormas, si no fue un par,
Fueron la llave maestra
De la pompa que hoy nos muestra
Un hidalgo de solar;
Con plumajes a volar
Un hijo suyo salió,
Que asuela lo que él soló,
Y la hijuela loquilla
De ámbar quiere la jervilla
Que desmienta al cordobán.
Los dineros del Sacristán
Cantando se vienen y cantando se van.
Dos Troyanos y dos Griegos,
Con sus celosas porfías,
Arman a Elena en dos días
De joyas y de talegos;
Como es dinero de ciegos,
Y no ganado a oraciones,
Recibe dueñas con dones
Y un portero rabicano;
Su grandeza es un enano,
Su melarquía un truhán.
Los dineros del Sacristán
Cantando se vienen y cantando se van.
Labra el letrado un Real
Palacio, porque sepades
Que interés y necedades
En piedras hacen señal;
Hácelo luego hospital

Un halconero pelón,
A quien hija y corazón
Dio en dote, que ser le plugo,
Para la mujer verdugo,
Para el dote gavilán.
Los dineros del Sacristán
Cantando se vienen y cantando se van.
Con dos puñados de Sol
Y cuatro tumbos de dado
Repite el otro soldado
Para Conde de Tirol;
Fénix le hacen Español
Collar de oro y plumas bellas;
Despidiendo está centellas
De sus joyas; mas la suerte
En gusano le convierte,
De pájaro tan galán.
Los dineros del Sacristán
Cantando se vienen y cantando se van.
Herencia que a fuego y hierro
Mal logró cuatro parientes,
Halló al quinto con los dientes
Peinando la calva a un puerro;
Heredó por dicha o yerro,
Y a su gula no perdona;
Pavillos nuevos capona,
Mientras francolines ceba,
Y al fin en su mesa Eva
Siempre está tentando a Adán.
Los dineros del Sacristán
Cantando se vienen y cantando se van.

1600

Dineros son calidad

Dineros son calidad
¡Verdad!
Más ama quien más suspira
¡Mentira!
Cruzados hacen cruzados,
Escudos pintan escudos,
Y tahúres muy desnudos
Con dados ganan condados;
Ducados dejan ducados,
Y coronas majestad,
¡Verdad!
Pensar que uno solo es dueño
De puerta de muchas llaves,
Y afirmar que penas graves
Las paga un mirar risueño,
Y entender que no son sueño
Las promesas de Marfira,
¡Mentira!
Todo se vende este día,
Todo el dinero lo iguala;
La corte vende su gala,
La guerra su valentía;
Hasta la sabiduría
Vende la Universidad,
¡Verdad!
En Valencia muy preñada
Y muy doncella en Madrid,
Cebolla en Valladolid
Y en Toledo mermelada,
Puerta de Elvira en Granada

Y en Sevilla doña Elvira,
    ¡Mentira!
No hay persona que hablar deje
Al necesitado en plaza;
Todo el mundo le es mordaza,
Aunque él por señas se queje;
Que tiene cara de hereje
Y aun fe la necesidad,
    ¡Verdad!
Siendo como un algodón,
Nos jura que es como un hueso,
Y quiere probarnos eso
Con que es su cuello almidón,
Goma su copete, y son
Sus bigotes alquitira
    ¡Mentira!
Cualquiera que pleitos trata,
Aunque sean sin razón,
Deje el río Marañón,
Y entre el río de la Plata;
Que hallará corriente grata
Y puerto de claridad
    ¡Verdad!
Siembra en una artesa berros
La madre, y sus hijas todas
Son perras de muchas bodas
Y bodas de muchos perros;
Y sus yernos rompen hierros
En la toma de Algecira,
    ¡Mentira!

1601

¿Qué lleva el señor Esgueva?

Yo os diré lo que lleva.
Lleva este río crecido,
Y llevará cada día
Las cosas que por la vía
De la cámara han salido,
Y cuanto se ha proveído
Según leyes de Digesto,
Por jueces que, antes desto,
Lo recibieron a prueba.
¿Qué lleva el señor Esgueva?
Yo os diré lo que lleva.
Lleva el cristal que le envía
Una dama y otra dama,
Digo el cristal que derrama
La fuente de mediodía,
Y lo que da la otra vía,
Sea pebete o sea topacio;
Que al fin damas de Palacio
Son ángeles hijos de Eva.
¿Qué lleva el señor Esgueva?
Yo os diré lo que lleva.
Lleva lágrimas cansadas
De cansados amadores,
Que, de puro servidores,
Son de tres ojos lloradas;
De aquél, digo, acrecentadas
Que una nube le da enojo,
Porque no hay nube deste ojo
Que no truene y que no llueva.
¿Qué lleva el señor Esgueva?

Yo os diré lo que lleva.
Lleva pescado de mar,
Aunque no muy de provecho,
Que, salido del estrecho,
Va a Pisuerga a desovar;
Si antes era calamar
O si antes era salmón,
Se convierte en camarón
Luego que en el río se ceba.
¿Qué lleva el señor Esgueva?
Yo os diré lo que lleva.
Lleva, no patos reales
Ni otro pájaro marino,
Sino el noble palomino
Nacido en nobles pañales;
Colmenas lleva y panales,
Que el río les da posada;
La colmena es vidriada
Y el panal es cera nueva.
¿Qué lleva el señor Esgueva?
Yo os diré lo que lleva.
Lleva, sin tener su orilla
Árbol ni verde ni fresco,
Fruta que es toda de cuesco,
Y, de madura, amarilla;
Hácese de ella en Castilla
Conserva en cualquiera casa,
Y tanta ciruela pasa,
Que no hay quien sin ella beba.
¿Qué lleva el señor Esgueva?
Yo os diré lo que lleva.

1601

Cura que en la vecindad

Cura que en la vecindad
Vive con desenvoltura,
¿Para qué le llaman cura,
Si es la misma enfermedad?
El Cura que seglar fue,
Y tan seglar se quedó,
Y aunque órdenes recibió
Hoy tan sin orden se ve,
Pues de sus vecinas sé
Que perdió la continencia,
No le llamen Reverencia,
Que se hace Paternidad.
Cura que en la vecindad
Vive con desenvoltura,
¿Para qué le llaman cura,
Si es la misma enfermedad?
Si una y otra es su comadre
De cuantas vecinas vemos,
De hoy más su nombre mudemos
De Cura en el de Compadre:
Y si le llamare Padre
Algún rapaz tiernamente,
La voz de aquel inocente
Misterio encierra y verdad.
Cura que en la vecindad
Vive con desenvoltura,
¿Para qué le llaman cura,
Si es la misma enfermedad?
Cura que a su barrio entero
Trata de escandalizallo,

Ya no es Cura, sino gallo
De todo aquel gallinero;
Que enfermó por su dinero
A las más que toca el preste
Ya no es cura, sino peste
Por tan mala cualidad.
Cura que en la vecindad
Vive con desenvoltura,
¿Para qué le llaman cura,
Si es la misma enfermedad?

1602

A las damas de la corte pidiéndoles favor para los
galanes andaluces

Hermosas damas, si la pasión ciega
No os arma de desdén, no os arma de ira,
¿Quién con piedad al andaluz no mira,
Y quien al andaluz su favor niega?
En el terrero, ¿quién humilde ruega,
Fiel adora, idólatra suspira?
¿Quién en la plaza los bohordos tira,
Mata los toros, y las cañas juega?
En los saraos, ¿quién lleva las más veces
Los dulcísimos ojos de la sala,
Sino galanes del Andalucía?
A ellos les dan siempre los jueces,
En la sortija, el premio de la gala,
En el torneo, de la valentía.

1603

A una dama que conoció niña y después vio mujer muy hermosa

Si Amor entre las plumas de su nido
Prendió mi libertad, ¿qué hará ahora,
Que en tus ojos, dulcísima señora,
Armado vuela, ya que no vestido?
Entre las violetas fui herido
Del áspid que hoy entre los lilios mora;
Igual fuerza tenías siendo aurora,
Que ya como Sol tienes bien nacido.
Saludaré tu luz con voz doliente,
Cual tierno ruiseñor en prisión dura
Despide quejas, pero dulcemente.
Diré como de rayos vi tu frente
Coronada, y que hace tu hermosura
Cantar las aves, y llorar la gente.

1603

En el sepulcro de la duquesa de Lerma

¡Ayer deidad humana, hoy poca tierra:
Aras ayer, hoy túmulo, oh mortales!
Plumas, aunque de águilas reales,
Plumas son; quien lo ignora, mucho yerra.
Los huesos que hoy este sepulcro encierra,
A no estar entre aromas orientales,
Mortales señas dieran de mortales;
La razón abra lo que el mármol cierra.
La Fénix que ayer Lerma fue su Arabia
Es hoy entre cenizas un gusano,
Y dé consciencia a la persona sabia.
Si una urca se traga el oceano,
¿Qué espera un bajel luces en la gavia?
Tome tierra, que es tierra el ser humano

1603

De los señores reyes don Felipe III y doña Margarita, en una montería

Clavar victorioso y fatigado
Al español Adonis vio la Aurora
Al tronco de una encina vividora
Las prodigiosas armas de un venado.
Conducida llegó a pisar el prado,
Del blanco cisne que en las aguas mora,
Su venus alemana, y fue a tal hora,
Que en sus brazos depuso su cuidado.
«Este trofeo —dijo— a tu infinita
Beldad consagro»; y la lisonja creo
Que en ambos labios se la dejó escrita.
Silbó el aire y la voz de algún deseo,
«¡Viva Filipo, viva Margarita,
—Dijo— los años de tan gran trofeo!»

1603

De una quinta del conde de Salinas, Ribera de Duero

    De ríos soy el Duero acompañado
    Entre estas apacibles soledades,
    Que despreciando muros de ciudades,
    De álamos camino coronado.
    Este, que siempre veis alegre, prado
    Teatro fue de rústicas deidades,
    Plaza ahora, a pesar de las edades,
    Deste edificio, a Flora dedicado.
    Aquí se hurta al popular ruido
    El Sarmiento real, y sus cuidados
    Parte aquí con la verde Primavera.
    El yugo desta puente he sacudido
    Por hurtarle a su ocio mi ribera.
    Perdonad, caminantes fatigados.

1603

De unas fiestas en Valladolid

La plaza, un jardín fresco; los tablados,
Un encañado de diversas flores;
Los toros, doce tigres matadores,
A lanza y a rejón despedazados;
La jineta, dos puestos coronados
De príncipes, de grandes, de señores;
Las libreas, bellísimos colores,
Arcos del cielo, o proprios o imitados;
Los caballos, favonios andaluces,
Gastándole al Perú oro en los frenos,
Y los rayos al Sol en los jaeces,
Al trasponer de Febo ya las luces
En mejores adargas, aunque menos,
Pisuerga vio lo que Genil mil veces.

1603

Para lo mismo

Lilio siempre real nascí en Medina
Del Cielo, con razón, pues nascí en ella;
Ceñí de un Duque excelso, aunque flor bella,
De rayos más que flores frente dina.
Lo caduco esta urna peregrina,
Oh peregrino, con majestad sella;
Lo fragrante, entre una y otra estrella,
Vista no fabulosa determina.
Estrellas son de la guirnalda griega
Lisonjas luminosas, de la mía
Señas oscuras, pues ya el Sol corona.
La suavidad que expira el mármol (llega)
Del muerto lilio es; que aun no perdona
El santo olor a la ceniza fría.

1603

En los pinares de Júcar

En los pinares de Júcar
Vi bailar unas serranas,
Al son del agua en las piedras
Y al son del viento en las ramas.
No es blanco coro de ninfas
De las que aposentan el agua
O las que venera el bosque,
Seguidoras de Diana:
Serranas eran de Cuenca,
Honor de aquella montaña,
Cuyo pie besan dos ríos
Por besar de ellas las plantas.
Alegres corros tejían,
Dándose las manos blancas
De amistad, quizá temiendo
No la truequen las mudanzas.
¡Qué bien bailan las serranas!
¡Qué bien bailan!

El cabello en crespos nudos
Luz da al Sol, oro a la Arabia,
Cuál de flores impedido,
Cuál de cordones de plata.
Del color visten del cielo,
Si no son de la esperanza,
Palmillas que menosprecian
Al zafiro y la esmeralda.
El pie (cuando lo permite
La brújula de la falda)
Lazos calza, y mirar deja

Pedazos de nieve y nácar.
Ellas, cuyo movimiento
Honestamente levanta
El cristal de la columna
Sobre la pequeña basa.
¡Qué bien bailan las serranas!
¡Qué bien bailan!

Una entre los blancos dedos
Hiriendo negras pizarras,
Instrumento de marfil
Que las musas le invidiaran,
Las aves enmudeció,
Y enfrenó el curso del agua;
No se movieron las hojas,
Por no impedir lo que canta:
Serranas de Cuenca
Iban al pinar,
Unas por piñones,
Otras por bailar.

Bailando y partiendo
Las serranas bellas,
Un piñón con otro,
Si ya no es con perlas,
De Amor las saetas
Huelgan de trocar,
Unas por piñones,
Otras por bailar.

Entre rama y rama,
Cuando el ciego dios

Pide al Sol los ojos
Por verlas mejor,
Los ojos del Sol
Las veréis pisar.
Unas por piñones,
Otras por bailar.

1603

Jura Pisuerga a fe de caballero

Jura Pisuerga a fe de caballero
Que de vergüenza corre colorado
Solo en ver que de Esgueva acompañado
Ha de entrar a besar la mano a Duero.
Es sucio Esgueva para compañero
(Culpa de la mujer de algún privado),
Y perezoso para dalle el lado,
Y así ha corrido siempre muy trasero.
Llegados a la puente de Simancas,
Teme Pisuerga, que una estrecha puente
Temella puede el mar sin cobardía.
No se le da a Esguevilla cuatro blancas;
Mas ¿qué mucho, si pasa su corriente
Por más estrechos ojos cada día?

1603

Llegué a Valladolid; registré luego

Llegué a Valladolid; registré luego
Desde el bonete al clavo de la mula;
Guardo el registro, que será mi bula
Contra el cuidado del señor don Diego.
Busqué la Corte en él, y yo estoy ciego,
O en la ciudad no está, o se disimula.
Celebrando dietas vi a la gula,
Que Platón para todos está en griego.
La lisonja hallé y la ceremonia
Con luto, idolatrados los caciques,
Amor sin fe, interés con sus virotes.
Todo se halla en esta Babilonia,
Como en botica, grandes alambiques,
Y más en ella títulos que botes.

1603

Oh qué malquisto con Esgueva quedo

¡Oh qué malquisto con Esgueva quedo,
Con su agua turbia y con su verde puente!
Miedo le tengo: hallará la gente
En mis calzas los títulos del miedo.
¿Quiere ser río? Yo se lo concedo;
Corra, que necesaria es su corriente,
Con orden y ruido, el que consiente
Antonio en su reglilla de ordo pedo.
Camine ya con estos pliegos míos
Peón particular, quitado el parte,
Y ejecute en mis versos sus enojos;
Que le confesaré de cualquier arte
Que, como el más notable de los ríos,
Tiene llenos los márgenes de ojos.

1603

¿Vos sois Valladolid?

¿Vos sois Valladolid? ¿Vos sois el valle
De olor? ¡Oh fragrantísima ironía!
A rosa oléis, y sois de Alejandría,
Que pide al cuerpo más que puede dalle.
Serenísimas damas de buen talle,
No os andéis cocheando todo el día,
Que en dos mulas mejores que la mía
Se pasea el estiércol por la calle.
Los que en esquinas vuestros corazones
Asáis por quien, alguna noche clara,
Os vertió el pebre y os mechó sin clavos,
¿Pasáis por tal que sirvan los balcones,
Los días a los ojos de la cara,
Las noches a los ojos de los rabos?

1603

Una moza de Alcobendas

Una moza de Alcobendas
Sobre su rubio tranzado
Pidió la fe que le he dado,
Porque eran de oro las prendas;
Concertados sin contiendas
Nuestros dulces desenojos,
Me pidió sobre sus ojos
Por lo menos un doblón;
Yo, aunque de esmeralda son,
Se le libré en Tremecén.
 ¿Hice bien?
En el dedo de un doctor
Engastado en oro vi
Un finísimo rubí,
Porque es siempre este color
El antídoto mejor
Contra la melancolía;
Yo, por alegrar la mía,
Un rubí desaté en oro;
El rubí me lo dio Toro,
El oro Ciudad Real.
 ¿Hice mal?

Al puerto de Guadarrama, pasando por él los condes de
Lemus

Montaña inaccesible, opuesta en vano
Al atrevido paso de la gente
(O nubes humedezcan tu alta frente,
O nieblas ciñan tu cabello cano),
Caistro el mayoral, en cuya mano
En vez de bastón vemos el tridente,
Con su hermosa Silvia, Sol luciente
De rayos negros, serafín humano,
Tu cerviz pisa dura; y la pastora
Yugo te pone de cristal, calzada
Coturnos de oro el pie, armiños vestida.
Huirá la nieve de la nieve ahora,
O ya de los dos soles desatada,
O ya de los dos blancos pies vencida.

1604

De don Rodrigo Sarmiento, conde de Salinas

    Del León, que en la Silva apenas cabe,
O ya por fuerte o ya por generoso,
Que a dos Sarmientos, cada cual glorioso,
Obedeció mejor que al bastón grave,
Real cachorro y pámpano suave
En este infante en tierna edad dichoso;
Cupido con dos soles, que hermoso
De ángel tiene lo que el otro de ave.
La alta esperanza en él se vea lograda
Del claro padre y de la antigua casa
Que a España le da héroes, si no leyes,
Tal, que do el Norte yela al mar su espada
Temida, y donde el Sol la arena abrasa,
Triunfador siempre, coma con sus reyes.

1604

De puños de hierro ayer

De puños de hierro ayer
En este mismo lugar,
Fui gran hombre en el sacar
Y hoy lo soy en el volver.
Los dineros van a ser
Restituidos por vos,
Y el «por la gracia de Dios
Don Felipe», al de Guzmán;
Que porque faltas harán
Los quiero dejar a dos.

1604

A las fiestas del nacimiento del príncipe don Felipe
Domínico Víctor, y a los obsequios hechos al
embajador de Inglaterra (se le atribuye)

    Parió la Reina; el Luterano vino
    Con seiscientos herejes y herejías;
    Gastamos un millón en quince días
    En darles joyas, hospedaje y vino.
    Hicimos un alarde o desatino,
    Y unas fiestas que fueron tropelías,
    Al ánglico Legado y sus espías
    Del que juró la paz sobre Calvino.
    Bautizamos al niño Dominico,
    Que nació para serlo en las Españas;
    Hicimos un sarao de encantamento;
    Quedamos pobres, fue Lutero rico;
    Mandáronse escribir estas hazañas
    A don Quijote, a Sancho, y su jumento.

1605

A la embarcación en que se entendió pasaran a nueva
España los marqueses de Ayamonte

   Velero bosque de árboles poblado,
   Que visten hojas de inquieto lino;
   Puente inestable y prolija, que vecino
   El Occidente haces apartado:
   Mañana ilustrará tu seno alado
   Soberana beldad, valor divino,
   No ya el de la manzana de oro fino
   Griego premio, hermoso, mas robado.
   Consorte es generosa del prudente
   Moderador del freno mexicano.
   Lisonjeen el mar vientos segundos;
   Que en su tiempo (cerrado el templo a Jano,
   Coronada la paz) verá la gente
   Multiplicarse imperios, nacer mundos.

1606

Al marqués de Ayamonte, partiendo de su casa para
    Madrid

Vencidas de los Montes Marianos
Las altas cumbres, con rigor armadas
De calvos riscos, de hayas levantadas,
Cunas inaccesibles de milanos,
Y el río que a piratas africanos
Espadañas opone en vez de espadas,
Testigos son las torres coronadas
De Lepe, cuando no lo sean los llanos.
Pisado el yugo al Tajo y sus espumas,
Que salpicando os dorarán la espuela,
El nido venerad humildemente
Del Fénix hoy que reinos son sus plumas.
¿Qué mucho si el Oriente es, cuando vuela,
Una ala suya, y otra el Occidente?

1606

Al marqués de Ayamonte que, pasando por Córdoba, le mostró un retrato de la marquesa

Clarísimo Marqués, dos veces claro,
Por vuestra sangre y vuestro entendimiento,
Claro dos veces otras, y otras ciento
Por la luz, de que no me sois avaro,
De los dos soles que el pincel más raro
Dio de su luminoso firmamento
A vuestro seno ilustre (atrevimiento
Que aun en cenizas no saliera caro);
¿Qué águila, señor, dichosamente
La región penetró de su hermosura
Por copiaros los rayos de su frente?
Cebado vos los ojos de pintura,
En noche camináis, noche luciente,
Que mal será con dos soles oscura.

1606

A doña Brianda de la Cerda

Al Sol peinaba Clori sus cabellos
Con peine de marfil, con mano bella;
Mas no se parecía el peine en ella
Como se oscurecía el Sol en ellos.
Cogió sus lazos de oro, y al cogellos,
Segunda mayor luz descubrió aquella
Delante quien el Sol es una estrella
Y esfera España de sus rayos bellos.
Divinos ojos, que en su dulce Oriente
Dan luz al mundo, quitan luz al cielo,
Y espera idolatrallos Occidente.
Esto Amor solicita con su vuelo,
Que en tanto mar será un arpón luciente
De la Cerda inmortal mortal anzuelo.

1607

De la marquesa de Ayamonte y su hijas, en Lepe

   A los campos de Lepe, a las arenas
   Del abreviado mar en una ría,
   Extranjero pastor llegué sin guía,
   Con pocas vacas y con muchas penas.
   Muro real, orlado de cadenas,
   A cuyo capitel se debe el día,
   Ofreció a la turbada vista mía
   El templo santo de las dos Sirenas:
   Casta madre, hija bella, veneradas
   Con humildad de prósperos vaqueros,
   Con devoción de pobres pescadores.
   Si ya a sus aras no les di terneros,
   Dieron mis ojos lágrimas cansadas,
   Mi fe suspiros, y mis manos flores.

1607

A su hijo del marqués de Ayamonte, que excuse la
montería

Deja el monte, garzón bello, no fíes
Tus años dél, ni nuestras esperanzas;
Que murallas de red, bosques de lanzas
Menosprecian los fieros jabalíes.
En sangre a Adonis, si no fue en rubíes,
Tiñeron mal celosas asechanzas,
Y en urna breve funerales danzas
Coronaron sus huesos de alhelíes.
Deja el monte, garzón; poco el luciente
Venablo en Ida aprovechó al mozuelo
Que estrellas pisa ahora en vez de flores.
Cruel verdugo el espumoso diente,
Torpe ministro fue el ligero vuelo
(No sepas más) de celos y de amores.

1607

Al marqués de Ayamonte

Alta esperanza, gloria del estado,
No solo de Ayamonte mas de España,
Si quien me da su lira no me engaña,
A más os tiene el cielo destinado.
De vuestra Fama oirá el clarín dorado,
Émulo ya del Sol, cuanto el mar baña;
Que trompas hasta aquí han sido de caña
Las que memorias han solicitado.
Alma al tiempo dará, vida a la historia
Vuestro nombre inmortal ¡oh digno esposo
De beldad soberana y peregrina!
Corónense estos muros ya de gloria,
Que serán cuna y nido generoso
De sucesión real, si no divina.

1607

Al marqués de Ayamonte, determinado a no ir a México

    Volvió al mar Alción, volvió a las redes
De cáñamo, excusando las de hierro;
Con su barquilla redimió el destierro,
Que era desvío y parecía mercedes.
Redujo el pie engañado a las paredes
De su alquería, y al fragoso cerro
Que ya con el venablo y con el perro
Pisa Lesbín, segundo Gaminedes:
Gallardo hijo suyo, que los remos
Menospreciando con su bella hermana,
La montería siguen importuna,
Donde la Ninfa es Febo y es Diana,
Que en sus ojos del Sol los rayos vemos,
Y en su arco los cuernos de la Luna.

1607

Convoca los poetas de Andalucía a que celebren al
    marqués de Ayamonte

   Cisnes de Guadiana, a sus riberas
   Llegué, y a vuestra dulce compañía,
   Cuya suave métrica armonía
   Desata montes y reduce fieras;
   No a escuchar vuestras voces lisonjeras,
   Sino al segundo ilustrador del día
   Consagralle la humilde Musa mía,
   Que cantó burlas y eterniza veras,
   Al Apolo de España, al de Ayamonte
   Culto honor. Si labraren vuestras plumas
   Digna corona a su gloriosa frente,
   Flores a vuestro estilo dará el monte,
   Candor a vuestros versos las espumas
   De Helicona darán y de su frente.

1607

De las pinturas y relicarios de una galería del cardenal
   don Fernando Niño de Guevara

   Oh tú, cualquiera que entras, peregrino,
   Si mudo admiras, admirado para
   En esta bien por sus cristales clara,
   Y clara más por su pincel divino,
   Tebaida celestial, sacro Aventino,
   Donde hoy te ofrece con grandeza rara
   El cardenal heroico de Guevara
   Freno al deseo, término al camino.
   Del yermo ves aquí los ciudadanos,
   Del galeón de Pedro los pilotos;
   El arca allí, donde hasta el día postrero
   Sus vestidos conservan, aunque rotos,
   Algunos celestiales cortesanos.
   Guarnécelos de flores, forastero.

1607

A la marquesa de Ayamonte, dándole unas piedras
bezares que a él le había dado un enfermo

    Corona de Ayamonte, honor del día,
    Estas piedras que dio un enfermo a un sano
    Hoy os tiro, mas no escondo la mano,
    Por que no digan que es cordobesía;
    Que dar piedras a Vuestra Señoría
    Tirallas es por medio de ese llano,
    Pesadas señas de un deseo liviano,
    Lisonjas duras de la Musa mía.
    Término sean, pues, y fundamento
    De vuestro imperio, y de mi fe constante
    Tributo humilde, si no ofrecimiento.
    Camino, y sin pasar más adelante,
    A vuestra deidad hago el rendimiento
    Que al montón de Mercurio el caminante.

1607

A cierta dama que se dejaba vencer del interés antes que
    del gusto

    Mientras Corinto, en lágrimas deshecho,
    La sangre de su pecho vierte en vano,
    Vende Lice a un decrépito indiano
    Por cient escudos la mitad del lecho.
    ¿Quién, pues, se maravilla deste hecho,
    Sabiendo que halla ya paso más llano,
    La bolsa abierta, el rico pelicano,
    Que el pelícano pobre, abierto el pecho?
    Interés, ojos de oro como gato,
    Y gato de doblones, no Amor ciego,
    Que leña y plumas gasta, cient arpones
    Le flechó de la aljaba de un talego.
    ¿Qué Tremecén no desmantela un trato,
    Arrimándole al trato cient cañones?

1608

A don Sancho Dávila, obispo de Jaén

Sacro pastor de pueblos, que en florida
Edad, pastor, gobiernas tu ganado,
Más con el silbo que con el cayado
Y más que con el silbo con la vida;
Canten otros tu casa esclarecida,
Mas tu Palacio, con razón sagrado,
Cante Apolo de rayos coronado,
No humilde Musa de laurel ceñida.
Tienda es gloriosa, donde en lechos de oro
Victoriosos duermen los soldados
Que ya despertarán a triunfo y palmas;
Milagroso sepulcro, mudo coro
De muertos vivos, de ángeles callados,
Cielo de cuerpos, vestuario de almas.

1608

A un fraile Franciscano, en agradecimiento de una caja
de jalea

Gracias os quiero dar sin cumplimiento,
Dulce fray Diego, por la dulce caja;
Tal sea el ataúd de mi mortaja,
Y de mis guerras tal el instrumento.
Consagrad, Musas, hoy vuestro talento
A la monja que almíbar tal le baja,
Pues quien acabar suele en una paja
Sella ahora el estómago contento.
Cualquier regalo de durazno o pera
Acoto suyo, si podrá un amigo
Escotar un discípulo de Scoto.
Confieso que de sangre entendí que era
Cámara aquella, y si lo fue, yo digo
Que servidor seáis, y no devoto.

1608

A un tiempo dejaba el Sol

A un tiempo dejaba el Sol
Los colchones de las ondas,
Y el orinal de mi alma
La vasera de su choza;
Él porque tres veces quiere
En las tres lucientes bolas
De la torre de Marruecos
Ver su caraza redonda;
Y ella porque sus corderos,
En tanto que el Alba llora,
Se longanicen las tripas
De esmeraldas y de aljófar,
A cuenta de los poetas
Que baratan estas joyas
Entre los que en avellanas
Les pagan a «qué quiés, boca».
De luz, pues, y de ganado
Se cubre la vega toda,
Y el aire de la armonía
Que despide una zampoña,
Profundamente tañida
De un cuitado que la sopla,
Quizá tan profundamente
Que no hay Judas que la oya.
Guarda el pobre unas ovejas,
Si el que se las deja solas
Las guarda, y a sus rediles
No las vuelve, o vuelve pocas;
Culpa de un Dios que, aunque ciego,
Clava una saeta en otra,

Y calienta, aunque desnudo,
El muro helado de Troya
(Cuando criminante y bella
Salió ministrando aljófar),
Del sacro Betis la Ninfa
Que vio España más hermosa;
Tan celada de su padre,
Que el lado aún no le perdona,
Y si hay sombras de cristal,
La Ninfa se ha vuelto sombra.
Viola en las selvas un día
En una virginal tropa
De secuaces de Diana,
Saeteando una corza.
Nunca la viera el cuitado,
Y no dejara en mal hora
Por el campo su hacienda,
Por el río su memoria.
Desde entonces los carneros
Van perdiendo sus esposas,
Y de lanas de bayeta
Les va el lobo haciendo lobas.
Río abajo, río arriba,
Pasos gasta, viento compra,
Que se venden por suspiros
Y valen misericordia.
Tantos días, tantas veces
Oyó su voz lagrimoso
El río desde su urna,
Que un día sacó la cholla,
Y le halló entre unos carrizos
Ventoseando unas coplas,

En favor a lo que dicen
De su húmida señora,
Que lo oía entre unos sauces
Haciendo desdén y pompa
Del pastor y de sus versos,
Zahareña y gloriosa.
De las plumas de una mimbre
Cortó el viejo dos garzotas,
Y en el envés de la Ninfa
Me las desnudó de hojas.
Cansado, pues, el pastor
De invocar piedad tan sorda,
De mi bella pastorcilla
El dulce favor implora.
Un rato le ruega humilde
Que su lira sonorosa
Al aire haga y al río
Cualque suave lisonja.
Condescendió con sus ruegos
Cloris, y luego a la hora
Yerba y flores a porfía
Le tejieron una alfombra.
Pulsó las templadas cuerdas,
Y al punto el cielo se escombra,
El aire se purifica,
La ribera se convoca.
Las Ninfas que de aquel soto
Los muchos árboles honran,
Vistiéndose miembros bellos
Desnudan cortezas toscas.
A un verde arrayán florido
Se casaron dos palomas,

Blancas señas de que el aire
La madre de Amor corona.
Un dulce lascivo enjambre
De hijuelos de la Diosa,
Vertiendo nubes de flores
Jazmines llueven y rosas.
Sofrenó el Sol sus caballos
Para oír a mi pastora,
Tanto, que besó algún signo
Las caderas luminosas;
Y fue tal la sofrenada,
Que con las lucientes colas
Ensuciaron y aun barrieron
Dos tachones de la zona.
Su verde cabello el Betis
Descubrió, y su barba undosa,
Y el húmido cuerpo luego
Vestido de juncos y ovas.
La hija aguarda que el padre
Todo el campo reconozca,
Y a las detenidas aguas
Fla luego la persona.
Salió de espumas vestida,
Y por lo que es vergonzosa,
Calzada una celosía
De caracoles y conchas.
¡Oh, lo que diera el pastor
Por ser aquel día babosa
De algún caracol de aquellos!...
Mas quédese aquí esta historia.

1608

Cuatro o seis desnudos hombros

Cuatro o seis desnudos hombros
De dos escollos o tres
Hurtan poco sitio al mar,
Y mucho agradable en él.
Cuánto lo sienten las ondas
Batido lo dice el pie,
Que pólvora de las piedras
La agua repetida es.
Modestamente sublime
Ciñe la cumbre un laurel,
Coronando de esperanzas
Al piloto que le ve.
Verdes rayos de una palma,
Si no luciente, cortés,
Norte frondoso, conducen
El derrotado bajel.
Este ameno sitio breve,
De cabra, apenas montés
Profanado, escaló un día
Mal agradecida fe;
Joven, digo, ya esplendor
Del Palacio de su Rey,
El hueco anima de un tronco
Nueve meses habrá o diez,
A quien, si lecho no blando,
Sueño le debe fiel,
Brame el Austro, y de las rocas
Haga lo que del ciprés.
Arrastrando allí eslabones
De su adorado desdén,

Hierbas cultiva no ingratas
En apacible vergel.
¡Oh, cuán bien las solicita
Sudor fácil, y cuán bien
Émulas responden ellas
Del más valiente pincel!
Confusas entre los lirios
Las rosas se dejan ver,
Bosquejando lo admirable
De su hermosura cruel
Tan dulce, tan natural,
Que abejuela alguna vez
Se caló a besar sus labios
En las hojas de un clavel.
Sierpe de cristal, vestida
Escamas de rosicler,
Se escondía ya en las flores
De la imaginada tez,
Cuando velera paloma,
Alado, si no bajel,
Nubes rompiendo de espuma,
En derrota suya un mes,
Le trajo, si no de oliva,
En las hojas de un papel,
Señas de serenidad,
Si el arco de Amor se cree.

1608

Las flores del romero

Las flores del romero,
Niña Isabel,
Hoy son flores azules,
Mañana serán miel
Celosa estás, la niña,
Celosa estás de aquel
Dichoso, pues le buscas,
Ciego, pues no te ve,
Ingrato, pues te enoja,
Y confiado, pues
No se disculpa hoy
De lo que hizo ayer.
Enjuguen esperanzas
Lo que lloras por él,
Que celos entre aquéllos
Que se han querido bien,
Hoy son flores azules,
Mañana serán miel.
Aurora de ti misma,
Que cuando a amanecer
A tu placer empiezas,
Te eclipsan tu placer,
Serénense tus ojos,
Y más perlas no des,
Porque al Sol le está mal
Lo que a la Aurora bien.
Desata como nieblas
Todo lo que no ves,
Que sospechas de amantes
Y querellas después,

Hoy son flores azules,
Mañana serán miel.

1608

Los montes que el pie se lavan

Los montes que el pie se lavan
En los cristales del Tajo,
Cuando las frentes se miran
En los zafiros del cielo,
Tiranizados tenía
Un cerdoso animal fiero,
Terror del campo, y ruina
De venablos y de perros.
Buscándole errante un día
Se perdió un galán montero,
Segunda envidia de Marte,
Primer Adonis de Venus.
Escalando la montaña,
Y penetrando sus senos,
Le dejó la blanca Luna
Y le halló el luciente Febo.
¡Oh, perdido primero
Tras un jabalí fiero,
No te pierdas ahora
Tras esa, que te huye, cazadora!
La luz le ofreció una Ninfa,
Que en duda pone a los cerros,
A cuál se deban sus rayos,
Al Sol o a sus ojos bellos.
De tres arcos viene armada,
El uno contra los ciervos,
Contra los hombres los dos,
Blanco el uno, los dos negros.
De un cordón atraillado
Un diligente sabueso,

El viento solicitaba,
Y desafiaba al viento.
Apenas vio al joven, cuando
Las cumbres vence huyendo;
Él la sigue, ambos calzados,
Ella plumas y él deseos.
¡Oh, perdido primero
Tras un jabalí fiero,
No te pierdas ahora
Tras esa, que te huye, cazadora!
Flores le valió la fuga
Al fragoso, verde suelo,
Varias de color, y todas
Hijas de su pie ligero.
A las malezas perdona
Mal su fugitivo vuelo.
Ellas, sí, al coturno de oro
Engastes del cristal tierno.
«¡Oh, cobarde hermosura!
—Dice el garzón, sin asiento—
No huyas de un hombre más
Que sabes huir del tiempo.»
Volviendo los ojos ella
Por flecharle más el pecho,
De que le alcance aún su voz
Acusa al aire con ceño.
¡Oh, perdido primero
Tras un jabalí fiero,
No te pierdas ahora
Tras esa, que te huye, cazadora!

1608

A Francisco de Quevedo
(Se le atribuye)

Anacreonte español, no hay quien os tope,
Que no diga con mucha cortesía,
Que ya que vuestros pies son de elegía,
Que vuestras suavidades son de arrope.
¿No imitaréis al terenciano Lope,
Que al de Belerofonte cada día
Sobre zuecos de cómica poesía
Se calza espuelas, y le da un galope?
Con cuidado especial vuestros antojos
Dicen que quieren traducir al griego,
No habiéndolo mirado vuestros ojos.
Prestádselos un rato a mi ojo ciego,
Porque a luz saque ciertos versos flojos,
Y entenderéis cualquier gregüesco luego.

1609

Al conde de Lemus, yéndole a visitar a Monforte

    Llegué a este Monte fuerte, coronado
De torres convecinas a los cielos,
Cuna siempre real de tus abuelos,
Del Reino escudo, y silla de su estado.
El templo vi a Minerva dedicado,
De cuyos geométricos modelos,
Si todo lo moderno tiene celos,
Tuviera invidia todo lo pasado.
Sacra erección de príncipe glorioso,
Que ya de mejor púrpura vestido
Rayos ciñe de luz, estrellas pisa.
¡Oh, cuánto deste monte imperioso
Descubro! Un mundo veo. Poco ha sido,
Que seis orbes se ven en tu divisa.

1609

Al duque de Feria, de la señora doña Catalina de Acuña

    Oh marinero, tú que, cortesano,
Al Palacio le fías tus entenas,
Al Palacio Real, que de Sirenas
Es un segundo mar napolitano,
Los remos deja, y una y otra mano
De las orejas las desvía apenas;
Que escollo es, cuando no sirte de arenas,
La dulce voz de un serafín humano.
Cual su acento, tu muerte será clara
Si espira suavidad, si gloria espira
Su armonía mortal, su beldad rara.
Huye de la que, armada de una lira,
Si rocas mueve, si bajeles para,
Cantando mata al que matando mira.

1609

De chinches y de mulas voy comido

De chinches y de mulas voy comido,
Las unas culpa de una cama vieja,
Las otras de un Señor que me las deja
Veinte días y más, y se ha partido.
De vos, madera anciana, me despido,
Miembros de algún navío de vendeja,
Patria común de la nación bermeja,
Que un mes sin deudo de mi sangre ha sido.
Venid, mulas, con cuyos pies me ha dado
Tal coz el que quizá tendrá mancilla
De ver que me coméis el otro lado.
A Dios, Corte envainada en una villa,
A Dios, toril de los que has sido prado,
Que en mi rincón me espera una morcilla.

1609

De la jornada de Larache

—¿De dónde bueno, Juan, con pedorreras?
—Señora tía, de Cagalarache.
—Sobrino, ¿y cuántos fuistes a Alfarache?
—Treinta soldados en tres mil galeras.
—¿Tanta gente? —Tomámoslo de veras
—¿Desembarcastes, Juan? —¡Tarde piache!
Que al dar un Santiago de azabache
Dio la playa más moros que veneras.
—¿Luego es de moros? —Sí, señora tía.
Mucha algaraza, pero poca ropa.
—¿Hiciéronos los perros algún daño?
—No, que en ladrando con su artillería,
A todos nos dio cámaras de popa.
—¡Salud serían para todo el año!

1609

De un caballero que llamó soneto a un romance

Música le pidió ayer su albedrío
A un descendiente de don Peranzules;
Templáronle al momento dos baúles
Con más cuerdas que jarcias un navío.
Cantáronle de cierto amigo mío
Un desafío campal de dos Gazules,
Que en ser por unos ojos entreazules
Fue peor que gatesco el desafío.
Romance fue el cantado, y que no pudo
Dejarle de entender, si el muy discreto
No era sordo, o el músico era mudo.
Y de que le entendió yo os lo prometo,
Pues envió a decir con don Bermudo:
«Que vuelvan a cantar aquel soneto.»

1609

De una quinta que hizo el obispo don Antonio Venegas
en burlada, lugar de su dignidad

Este a Pomona, cuando ya no sea
Edificio al silencio dedicado,
Que si el cristal le rompe desatado,
Suave el ruiseñor le lisonjea,
Dulce es refugio, donde se pasea
La quietud, y donde otro cuidado
Despedido, si no digo burlado,
De los términos huye desta aldea.
Aquí la Primavera ofrece flores
Al gran pastor de pueblos, que enriquece
De luz a España y gloria a los Venegas.
¡Oh peregrino, tú, cualquier que llegas,
Paga en admiración las que te ofrece
El huerto frutas y el jardín olores!

1609

En el cristal de tu divina mano

En el cristal de tu divina mano
De Amor bebí el dulcísimo veneno,
Néctar ardiente que me abrasa el seno,
Y templar con la ausencia pensé en vano.
Tal, Claudia bella, del rapaz tirano
Es arpón de oro tu mirar sereno,
Que cuanto más ausente dél, más peno,
De sus golpes el pecho menos sano.
Tus cadenas al pie, lloro al ruido
De un eslabón y otro mi destierro,
Más desviado, pero más perdido.
¿Cuándo será aquel día que por yerro,
Oh serafín, desates, bien nacido,
Con manos de cristal nudos de hierro?

1609

Los blancos lilios que de ciento en ciento

Los blancos lilios que de ciento en ciento,
Hijos del Sol, nos da la Primavera,
A quien del Tajo son en la ribera
Oro su cuna, perlas su alimento;
Las frescas rosas, que ambicioso el viento
Con pluma solicita lisonjera,
Como quien de una y otra hoja espera
Purpúreas alas, si lascivo aliento,
A vuestro hermoso pie cada cual debe
Su beldad toda. ¿Qué hará la mano,
Si tanto puede el pie, que ostenta flores,
Porque vuestro esplendor venza la nieve,
Venza su rosicler, y porque en vano,
Hablando vos, espiren sus olores?

1609

Señora doña puente segoviana

Señora doña puente segoviana,
Cuyos ojos están llorando arena,
Si es por el río, muy enhorabuena,
Aunque estáis para viuda muy galana.
De estangurria murió. No hay castellana
Lavandera que no llore de pena,
Y fulano sotillo se condena
De olmos negros a loba luterana.
Bien es verdad que dicen los doctores
Que no es muerto, sino que del estío
Le causan parasismos los calores;
Que a los primeros del diciembre frío,
De sus mulas harán estos señores
Que los orines den salud al río.

1609

Son de Tolú, o son de Puertorrico

¿Son de Tolú, o son de Puertorrico,
Ilustre y hermosísima María,
O son de las montañas de Bujía
La fiera mona y el disforme mico?
Gracioso está el balcón, yo os certifico;
Desnudadle de hoy más de celosía.
Goce Cuenca una y otra monería,
Den a unos de cola, a otros de hocico.
Un papagayo os dejaré, señora
(Pues ya tan mal se corresponde a ruegos
Y a cartas de señoras principales),
Que os repita el parlero cada hora
Como es ya mejor Cuenca para ciegos,
Habiéndose de ver fierezas tales.

1609

A la rigurosa acción con que san Ignacio redujo un pecador

Verso ajeno Ardiendo en aguas muertas llamas vivas
Glosa   En tenebrosa noche, en mar airado
              Al través diera un marinero ciego,
              De dulce voz y de homicida ruego,
              De sirena mortal lisonjeado,
              Si el fervoroso celador cuidado
              Del grande Ignacio no ofreciera luego
              (Farol divino) su encendido fuego
              A los cristales de un estanque helado.
              Trueca las velas el bajel perdido
              Y escollos juzga que en el mar se lavan
              Las voces que en la arena oye lascivas;
              Besa el puerto, altamente conducido
              De las que, para Norte suyo, estaban

              Ardiendo en aguas muertas llamas vivas.

1610

Al padre Juan de Pineda, de la Compañía de Jesús, por haber antepuesto un soneto al que el poeta hizo en la beatificación de san Ignacio
(Se le atribuye)

¿Yo en justa injusta expuesto a la sentencia
De un positivo padre azafranado?
Paciencia, Job, si alguna os han dejado
Prolijos los escritos de su Encia.
Consuelo me daréis, si no paciencia,
Porque en suertes entré, y fui desgraciado,
En el mes que perdió el apostolado
Un Justo por divina providencia.
¿Quién justa do la tela es pinavete,
Y no muy de Segura, aunque sea pino,
Que ayer fue pino, y hoy podrá ser vete?
No más judicatura de teatino,
Cofre, digo, overo con bonete,
Que tiene más de tea que de tino.

1610

De Madrid

Nilo márgenes, ni muros
Madrid, oh peregrino, tú que pasas,
Que a su menor inundación de casas
Ni aun los campos del Tajo están seguros.
Émula la verán siglos futuros
De Menfis no, que el término le tasas;
Del tiempo sí, que sus profundas basas
No son en vano pedernales duros.
Dosel de reyes, de sus hijos cuna
Ha sido y es; zodíaco luciente
De la beldad, teatro de Fortuna.
La invidia aquí su venenoso diente
Cebar suele, a privanzas importuna.
Camina en paz, refiérelo a tu gente.

1610

En la muerte de Enrique IV, rey de Francia

El Cuarto Enrico yace mal herido
Y peor muerto de plebeya mano;
El que rompió escuadrones y dio al llano
Más sangre que agua Orión humedecido,
Glorioso francés, esclarecido
Conducidor de ejércitos; que en vano
De lilios de oro el ya cabello cano
Y de guarda real iba ceñido.
Una temeridad astas desprecia,
Una traición cuidados mil engaña,
Que muros rompe en un caballo Grecia.
Archas burló el fatal cuchillo. ¡Oh España,
Belona de dos mundos, fiel te precia,
Y armada tema la nación extraña!

1610

A lo poco que hay que fiar de los favores de los cortesanos

Señores Corteggiantes, ¿quién sus días
De cudicioso gasta o lisonjero
Con todos estos príncipes de acero
Que me han desempedrado las encías?
Nunca yo tope con Sus Señorías,
Sino con media libra de carnero,
Tope manso, alimento verdadero,
De Jesuítas santas Compañías.
Con nadie hablo, todos son mis amos,
Quien no me da, no quiero que me cueste;
Que un árbol grande tiene gruesos ramos.
No me pidan que fíe ni que preste,
Sino que algunas veces nos veamos,
Y sea el fin de mi soneto éste.

1610

En la partida del conde de Lemus y del duque de Feria a
     Nápoles y a Francia

   El Conde mi señor se fue a Nápoles;
   El Duque mi señor se fue a Francía:
   Príncipes, buen viaje, que este día
   Pesadumbre daré a unos caracoles.
   Como sobran tan doctos españoles,
   A ninguno ofrecí la Musa mía;
   A un pobre albergue sí, de Andalucía,
   Que ha resistido a grandes, digo soles.
   Con pocos libros libres (libres digo
   De expurgaciones) paso y me paseo,
   Ya que el tiempo me pasa como higo.
   No espero en mi verdad lo que no creo:
   Espero en mi conciencia lo que sigo:
   Mi salvación, que es lo que más deseo.

1610

En la muerte de doña Guiomar de Sa, mujer de Juan
    Fernández de Espinosa

Pálida restituye a su elemento
Su ya esplendor purpúreo casta rosa,
Que en planta dulce un tiempo, si espinosa,
Gloria del Sol, lisonja fue del viento.
El mismo que espiró suave aliento
Fresca, espira marchita y siempre hermosa;
No yace, no, en la tierra, mas reposa,
Negándole aun el hado lo violento.
Sus hojas sí, no su fragancia, llora
En polvo el patrio Betis, hojas bellas,
Que aun en polvo el materno Tejo dora.
Ya en nuevos campos una es hoy de aquellas
Flores que ilustra otra mejor Aurora,
Cuyo caduco aljófar son estrellas.

1610

Del túmulo que hizo Córdoba en las honras de la
　　señora reina doña Margarita

　　A la que España toda humilde estrado
　　Y su horizonte fue dosel apenas,
　　El Betis esta urna en sus arenas
　　Majestuosamente ha levantado.
　　¡Oh peligroso, oh lisonjero estado
　　Golfo de escollos, playa de sirenas!
　　Trofeos son del agua mil entenas,
　　Que aun rompidas no sé si se han recordado,
　　La Margarita, pues, luciente gloria
　　Del Sol de Austria y la concha de Baviera,
　　Más coronas ceñida que vio años,
　　En polvo ya el clarín final espera:
　　Siempre sonante a aquel cuya memoria
　　Antes peinó que canas desengaños.

　　1611

En la misma ocasión

No de fino diamante o rubí ardiente
(Luces brillando aquel, este centellas)
Crespo volumen vio de plumas bellas
Nacer la gala más vistosamente,
Que oscura el vuelo, y con razón doliente,
De la perla católica que sellas,
A besar te levantas las estrellas,
Melancólica aguja, si luciente.
Pompa eres de dolor, seña no vana
De nuestra vanidad. Dígalo el viento,
Que ya de aromas, ya de luces, tanto
Humo te debe. ¡Ay, ambición humana,
Prudente pavón hoy con ojos ciento,
Si al desengaño se los das y al llanto!

1611

Al padre Francisco de Castro, de su Libro retórica

    Si ya el griego orador la edad presente,
    O el de Arpinas dulcísimo abogado
    Merecieran gozar, más enseñado
    Éste quedara, aquél más elocuente,
    Del bien decir bebiendo en la alta fuente,
    Que en tantos ríos hoy se ha desatado
    Cuantos en culto estilo nos ha dado
    Libros vuestra Retórica excelente.
    Vos reducís, oh Castro, a breve suma
    El difuso canal desta agua viva;
    Trabajo tal el tiempo no consuma,
    Pues de laurel ceñido y sacra oliva,
    Hacéis a cada lengua, a cada pluma,
    Que hable néctar y que ambrosía escriba.

1611

Al túmulo de Écija, en las honras de la señora reina
          doña Margarita

Ícaro de bayeta, si de pino
Cíclope no, tamaño como el rollo,
¿Volar quieres con alas a lo pollo,
Estando en cuatro pies a lo pollino?
¿Qué Dédalo te induce peregrino
A coronar de nubes el meollo,
Si las ondas que el Betis de su escollo
Desata han de infamar tu desatino?
No des más cera al Sol, que es bobería,
Funeral avestruz, máquina alada,
Ni alimentes gacetas en Europa.
Aguarda a la ciudad, que a mediodía,
Si mase Duelo no en capirotada,
La servirá mase Bochorno en sopa.

1611

De la toma de Larache

La fuerza que infestando las ajenas
Argentó Luna de menguante plata,
Puerto hasta aquí del bélgico pirata,
Puerta ya de las líbicas arenas.
A las señas de España sus almenas
Rindió al fiero león que en escarlata
Altera el mar, y al viento que le trata
Imperioso aun obedece apenas.
Alta haya de hoy más volante lino
Al Euro dé y al seno gaditano
Flacas redes, seguro, humilde pino
De que, ya deste o de aquel mar, tirano
Leño holandés disturbe su camino,
Prenda su libertad bajel pagano.

1611

Del túmulo que hizo Córdoba en las honras de la
    señora reina doña Margarita

Máquina funeral, que desta vida
Nos decís la mudanza, estando queda;
Pira, no de aromática arboleda,
Si a más gloriosa Fénix construida;
Bajel en cuya gabia esclarecida
Estrellas, hijas de otra mejor Leda,
Serenan la Fortuna, de su rueda
La volubilidad reconocida,
Farol luciente sois, que solicita
La razón, entre escollos naufragante,
Al puerto; y a pesar de lo luciente,
Oscura concha de una Margarita
Que, rubí en caridad, en fe diamante,
Renace a nuevo Sol en nuevo Oriente.

1611

Para la cuarta parte de la pontificial del doctor Babia

    Este, que Babia al mundo hoy ha ofrecido
    Poema, si no a números atado,
    De la disposición antes limado
    Y de la erudición después lamido,
    Historia es culta, cuyo encanecido
    Estilo, si no métrico, peinado,
    Tres ya pilotos del bajel sagrado
    Hurta al tiempo y redime del olvido.
    Pluma, pues, que claveros celestiales
    Eterniza en los bronces de su historia,
    Llave es ya de los tiempos, y no pluma.
    Ella a sus nombres puertas inmortales
    Abre, no de caduca, no, memoria,
    Que sombras sella en túmulos de espuma.

1611

A don fray Pedro González de Mendoza y Silva, electo
arzobispo de Granada muy mozo

Consagróse el seráfico Mendoza,
Gran dueño mío, y con invidia deja
Al bordón flaco, a la capilla vieja,
Báculo tan galán, mitra tan moza.
Pastor que una Granada es vuestra choza,
Y cada grano suyo vuestra oveja,
Pues cada lengua acusa, cada oreja,
La sal que busca, el silbo que no goza,
Sílbelas desde allá vuestro apellido,
Y al Genil, que esperándoos peina nieve,
No frustéis más sus dulces esperanzas;
Que sobre el margen, para vos florido,
Al son alternan del cristal que mueve
Sus ninfas coros, y sus faunos, danzas.

1611

De la toma de Larache

Larache, aquel africano
Fuerte, ya que no galán,
Al glorioso san Germán,
Rayo militar cristiano,
Se encomendó, y no fue en vano,
Pues cristianó luego al moro,
Y por más pompa y decoro,
Siendo su compadre el mismo,
Diez velas llevó al bautismo
Con muchos escudos de oro.
A la española el Marqués
Le vistió, y dejar le manda
Cien piezas, que aunque de Holanda,
Cada una un bronce es.
Dellas les hizo después
A sus lienzos guarnición,
Y viendo que era razón
Que un lienzo espirase olores,
Oliendo le dejó a flores,
Si mosquetes flores son.

1611

A don Antonio Venegas, obispo de Pamplona

¡Oh, de alto valor, de virtud rara
Sacro esplendor, en toda edad luciente,
Cuya fama los términos de Oriente
Ecos los hace de su trompa clara!
Vuestro cayado pastoral, hoy vara,
Dará flores, y vos gloriosamente,
Del pellico a la púrpura ascendiente,
Subiréis de la mitra a la tiara.
No es voz de fabulosa deidad ésta,
Consultada en oráculo profano,
Sino de la razón muda respuesta.
Deja su urna el Betis, y lozano
Cuantos engendra toros la floresta
Por vos fatiga el hábito africano.

1612

Al poeta Pedro Soto de Rojas

Poco después que su cristal dilata,
Orla el Dauro los márgenes de un Soto,
Cuyas plantas Genil besa devoto,
Genil, que de las nieves se desata.
Sus corrientes por él cada cual trata
Las escuche el Antípoda remoto,
Y el culto seno de sus minas roto,
Oro al Dauro le preste, al Genil plata.
Él, pues, de rojas flores coronado,
Nobles en nuestra España por ser Rojas,
Como bellas al mundo por ser flores,
Con rayos dulces mil de Sol templado
Al mirto peina, y al laurel las hojas,
Monte de musas ya, jardín de amores.

1612

Volviéndose a Francia el duque de Humena

Despidióse el francés con grasa buena,
(Con buena gracia digo, señor Momo),
Hizo España el deber con el Vandomo,
Y al pagar le hará con el de Pena.
Reales fiestas le impidió al de Humena
La ya engastada Margarita en plomo,
Aunque no hay toros para Francia como
Los de Guisando, su comida y cena.
Estrellóse la gala de diamantes
Tan al tope, que alguno fue topacio,
Y aun don Cristalián mintió finezas.
Partióse al fin, y tan brindadas antes
Nos dejó las saludes de Palacio,
Que otro día enfermaron Sus Altezas.

1612

Para un retrato de don Juan de Acuña, presidente de
Castilla, hijo del conde de Buendía

    Éste, que en traje le admiráis togado,
Claro, no a luces hoy de lisonjero
Pincel, sino de claro caballero,
Esplendor del Buendía que le ha dado;
Éste, ya de justicia, ya de estado,
Oráculo en España verdadero,
A quien por tan legal, por tan entero,
Sus balanzas Astrea le ha fiado:
Clava serán de Alcides en su diestra,
Que de monstruos la edad purgue presente,
Y a los siglos invidia sea futuros:
Éste, pues, gloria de la nación nuestra,
Don Juan de Acuña es, Buril valiente
Al tiempo le vincule en bronces duros.

1612

Oh, bien haya Jaén, que en lienzo prieto

    Oh, bien haya Jaén, que en lienzo prieto
De luces mil de sebo salpicado
Su túmulo paró, y de pie quebrado
En dos antiguas trovas sin conceto.
Écija se ha esmerado, yo os prometo,
Que en bultos de papel y pan mascado
Gastó gran suma, aunque no han acabado
Entre catorce abades un soneto.
Todo es obras de araña con Baeza,
Donde el fiel vasallo el regimiento
Pinos corta, bayetas solicita:
Hallaron dos, y toman una pieza
Para el tumbo real o monimento
¡Nunca muriera doña Margarita!

1612

A la memoria de la muerte y del infierno

Urnas plebeyas, túmulos reales
Penetrad sin temor, memorias mías,
Por donde ya el verdugo de los días
Con igual pie dio pasos desiguales.
Revolved tantas señas de mortales,
Desnudos huesos y cenizas frías,
A pesar de las vanas, si no pías,
Caras preservaciones orientales.
Bajad luego al abismo, en cuyos senos
Blasfeman almas, y en su prisión fuerte
Hierros se escuchan siempre, y llanto eterno,
Si queréis, oh memorias, por lo menos
Con la muerte libraros de la muerte,
Y el infierno vencer con el infierno.

1612

De la toma de Larache

En roscas de cristal serpiente breve,
Por la arena desnuda el Luco yerra,
El Luco, que con lengua al fin vibrante,
Si no niega el tributo, intima guerra
Al mar, que el nombre con razón le bebe,
Y las faldas besar le hace de Atlante.
Desta pues siempre abierta, siempre hiante
Y siempre armada boca,
Cual dos colmillos, de una y de otra roca,
África (o ya sean cuernos de su Luna,
O ya de su elefante sean colmillos)
Ofrece al gran Filipo los castillos,
Carga hasta aquí, de hoy más militar pompa;
Y del fiero animal hecha la trompa
Clarín ya de la Fama, oye la cuna,
La tumba ve del Sol, señas de España,
Los muros coronar que el Luco baña.
Las garras pues, las presas españolas
Del rey de fieras no, de nuevos mundos,
Ostenta el río, y gloriosamente
Arrogándose márgenes segundos,
En vez de escamas de cristal, sus olas
Guedejas visten ya de oro luciente.
Brama, y menospreciándole serpiente,
León ya no pagano
Le admira reverente el Océano.
Brama, y cuantas la Libia engendra fieras.
Que le escuchaban elefante apenas,
Surcando ahora piélagos de arenas
Lo distante interponen, lo escondido,

Al imperio feroz de su bramido.
Responden las confusas, las postreras
Cavernas del Atlante, a cuyos ecos
Si Fez se estremeció, tembló Marruecos.
Gloriosa y del suceso agradecida,
Dirige al cielo España en dulce coro
De sacros cisnes cánticos suaves,
A la alta de Dios sí, no a la de un moro
Barbara Majestad, reconocida
Por las fuerzas que le ha entregado: llaves
De las mazmorras de África más graves,
Forjadas, no ya donde
De las fraguas que ardiente el Etna esconde
Llamas vomita, y sobre el yunque duro
Gime Bronte, y Stérape no huelga,
Sino en las oficinas donde el belga
Rebelde anhela, el berberisco suda,
El brazo aquél, la espalda éste desnuda,
Forjando las que un muro y otro muro
Por guardas tiene, llaves ya maestras
De nuestros mares, de las flotas nuestras.
Al viento más opuesto abeto alado
Sus vagas plumas crea, rico el seno
De cuanta Potosí tributa hoy plata.
Leño frágil de hoy más al más sereno,
Copos fíe de cáñamo anudado,
Seguro ya sus remos de pirata.
Piloto el interés sus cables ata,
Cuando ya en el puerto
Del soplo occidental, de el golfo incierto,
Pescadora la industria, flacas redes,
Que dio a la playa desde su barquilla,

Graves revoca a la espaciosa orilla.
La libertad al fin que salteada
Señas, o de cautiva, o despojada
Dio un tiempo de Neptuno a las paredes,
Hoy bálsamo espirantes cuelga ciento
Faroles de oro al agradecimiento.
Vuestra, oh Filipo, es la fortuna, y vuestra
De África será la monarquía.
Vuestras banderas nos lo dicen, puesto
Duro yugo a los términos del día
En los mundos que abrevia tanta diestra;
Que si a las armas no, si no al funesto
Son de las trompas, que no aguardó a esto,
Abíla su colina
A vuestros pies rindió, a vuestra fortuna;
Calpe desde su opuesta cumbre espera,
Aunque lo ha dividido el mar en vano,
El término segundo del Tebano
Complicado al primero, y penetrada
La ardiente Libia vuestra ardiente espada,
Que el Nigris no es su bárbara ribera,
El Nilo sí con militar decoro,
La sed os temple ya en celada de oro.
Verás, canción, del César africano
Al nieto augusto, armada un día la mano,
Hacer de Atlante en la silvosa cumbre,
A las purpúreas cruces de sus señas,
Nuevos calvarios sus antiguas peñas.

1612

A don Antonio de las Infantas, en la muerte de una señora con quien estaba concertado de casar en Segura de la Sierra

    Ceñida, si asombrada no, la frente
    De una y otra verde rama oscura,
    A los pinos dejando de Segura
    Su urna lagrimosa, en son doliente,
    Llora el Betis, no lejos de su fuente,
    En poca tierra ya mucha hermosura:
    Tiernos rayos en una piedra dura
    De un Sol antes caduco que luciente.
    ¡Cuán triste sobre el pórfido se mira
    Casta Venus llorar su cuarta gracia,
    Si lágrimas las perlas son que vierte!
    ¡Oh Antonio, oh tú del músico de Tracia
    Prudente imitador! Tu dulce lira
    Sus privilegios rompa hoy a la muerte.

1613

Fábula de Polifemo y Galatea
Al conde de Niebla

Estas que me dictó, rimas sonoras,
Culta sí aunque bucólica Talía,
Oh excelso Conde, en las purpúreas horas
Que es rosas la alba y rosicler el día,
Ahora que de luz tu niebla doras,
Escucha, al son de la zampoña mía,
Si ya los muros no te ven de Huelva
Peinar el viento, fatigar la selva.
Templado pula en la maestra mano
El generoso pájaro su pluma,
O tan mudo en la alcándara, que en vano
Aun desmentir el cascabel presuma;
Tascando haga el freno de oro cano
Del caballo andaluz la ociosa espuma;
Gima el lebrel en el cordón de seda,
Y al cuerno al fin la cítara suceda.
Treguas al ejercicio sean robusto,
Ocio atento, silencio dulce, en cuanto
Debajo escuchas de dosel augusto
Del músico jayán el fiero canto.
Alterna con las Musas hoy el gusto,
Que si la mía puede ofrecer tanto
Clarín —y de la Fama no segundo—,
Tu nombre oirán los términos del mundo.

I   Donde espumoso el mar siciliano
El pie argenta de plata al Lilibeo,
Bóveda o de las fraguas de Vulcano
O tumba de los huesos de Tifeo,

Pálidas señas cenizoso un llano,
Cuando no del sacrílego deseo,
Del duro oficio da. Allí una alta roca
Mordaza es a una gruta de su boca.
Guarnición tosca de este escollo duro
Troncos robustos son, a cuya greña
Menos luz debe, menos aire puro
La caverna profunda, que a la peña;
Caliginoso lecho, el seno oscuro
Ser de la negra noche nos lo enseña
Infame turba de nocturnas aves,
Gimiendo tristes y volando graves.
De este, pues, formidable de la tierra
Bostezo, el melancólico vacío
A Polifemo, horror de aquella sierra,
Bárbara choza es, albergue umbrío
Y redil espacioso donde encierra
Cuanto las cumbres ásperas cabrío,
De los montes esconde: copia bella
Que un silbo junta y un peñasco sella.
Un monte era de miembros eminente
Este que —de Neptuno hijo fiero—
De un ojo ilustra el orbe de su frente,
Émulo casi del mayor lucero;
Cíclope a quien el pino más valiente
Bastón le obedecía tan ligero,
Y al grave peso junco tan delgado,
Que un día era bastón y otro cayado.
Negro el cabello, imitador undoso
De las oscuras aguas del Leteo,
Al viento que lo peina proceloso
Vuela sin orden, pende sin aseo;

Un torrente es su barba impetuosa,
Que —adusto hijo de este Pirineo—
Su pecho inunda— o tarde, o mal, o en vano
Surcada aun de los dedos de su mano.
No la Trinacria en sus montañas, fiera
Armó de crueldad, calzó de viento,
Que redima feroz, salve ligera
Su piel manchada de colores ciento:
Pellico es ya la que en los bosques era
Mortal horror al que con paso lento
Los bueyes a su albergue reducía,
Pisando la dudosa luz del día.
Cercado es, cuando más capaz más lleno,
De la fruta, el zurrón, casi abortada,
Que el tardo otoño deja al blando seno
De la piadosa yerba encomendada:
La serva, a quien le da rugas el heno;
La pera, a quien le da cuna dorada
La rubia paja y —pálida turora—
La niega avara y pródiga la dora.
Erizo es, el zurrón, de la castaña;
Y —entre el membrillo o verde o datilado—
De la manzana hipócrita, que engaña,
A lo pálido no, a lo arrebolado,
Y de la encina honor de la montaña,
Que pabellón al siglo fue dorado,
El tributo, alimento, aunque grosero,
Del mejor mundo, del candor primero.
Cera y cáñamo unió —que no debiera—
Cien cañas, cuyo bárbaro ruido,
De más ecos que unió cáñamo y cera
Albogues, duramente es repetido.

La selva se confunde, el mar se altera,
Rompe Tritón su caracol torcido,
Sordo huye el bajel a vela y remo:
¡Tal la música es de Polifemo!
Ninfa, de Doris hija, la más bella,
Adora, que vio el reino de la espuma.
Galatea es su nombre, y dulce en ella
El terno Venus de sus Gracias suma.
Son una y otra luminosa estrella
Lucientes ojos de su blanca pluma:
Si roca de cristal no es de Neptuno,
Pavón de Venus es, cisne de Juno.
Purpúreas rosas sobre Galatea
La Alba entre lilios cándidos deshoja:
Duda el Amor cuál más su color sea,
O púrpura nevada, o nieve roja.
De su frente la perla es, eritrea,
Émula vana. El ciego dios se enoja,
Y, condenado su esplendor, la deja
Pender en oro al nácar de su oreja.
Invidia de las ninfas, y cuidado
De cuantas honra el mar deidades, era;
Pompa del marinero niño alado
Que sin fanal conduce su venera.
Verde el cabello, el pecho no escamado,
Ronco sí, escucha a Glauco la ribera
Inducir a pisar la bella ingrata,
En carro de cristal, campos de plata.
Marino joven, las cerúleas sienes,
Del más tierno coral ciñe Palemo,
Rico de cuantos la agua engendra bienes,
Del Faro odioso al promontorio extremo;

Mas en la gracia igual, si en los desdenes
Perdonado algo más que Polifemo,
De la que, aún no le oyó, y, calzada plumas,
Tantas flores pisó como él espumas.
Huye la ninfa bella: y el marino
Amante nadador, ser bien quisiera,
Ya que no áspid a su pie divino,
Dorado pomo a su veloz carrera;
Mas, ¿cuál diente mortal, cuál metal fino
La fuga suspender podrá ligera
Que el desdén solicita? ¡Oh cuánto yerra
Delfín que sigue en agua corza en tierra!
Sicilia, en cuanto oculta, en cuanto ofrece,
Copa es de Baco, huerto de Pomona:
Tanto de frutas ésta la enriquece,
Cuanto aquél de racimos la corona.
En carro que estival trillo parece,
A sus campañas Ceres no perdona,
De cuyas siempre fértiles espigas
Las provincias de Europa son hormigas.
A Pales su viciosa cumbre debe
Lo que a Ceres, y aún más, su vega llana;
Pues si en la una granos de oro llueve,
Copos nieva en la otra mil de lana.
De cuantos siegan oro, esquilan nieve,
O en pipas guardan la exprimida grana,
Bien sea religión, bien amor sea,
Deidad, aunque sin templo, es Galatea.
Sin aras, no: que el margen donde para
Del espumoso mar su pie ligero,
Al labrador, de sus primicias ara,
De sus esquilmos es al ganadero;

De la Copia a la tierra poco avara
El cuerno vierte el hortelano, entero,
Sobre la mimbre que tejió prolija,
Si artificiosa no, su honesta hija.
Arde la juventud, y los arados
Peinan las tierras que surcaron antes,
Mal conducidos, cuando no arrastrados,
De tardos bueyes cual su dueño errantes;
Sin pastor que los silbe, los ganados
Los crujidos ignoran resonantes
De las hondas, si en vez del pastor pobre
El céfiro no silba, o cruje el robre.
Mudo la noche el can, el día dormido
De cerro en cerro y sombra en sombra yace.
Bala el ganado; al mísero balido,
Nocturno el lobo de las sombras nace.
Cébase —y fiero deja humedecido
En sangre de una lo que la otra pace.
¡Revoca, Amor, los silbos, o a su dueño,
El silencio del can siga y el sueño!
La fugitiva Ninfa en tanto, donde
Hurta un laurel su tronco al Sol ardiente,
Tantos jazmines cuanta yerba esconde
La nieve de sus miembros da una fuente.
Dulce se queja, dulce le responde
Un ruiseñor a otro, y dulcemente
Al sueño da sus ojos la armonía,
Por no abrasar con tres soles el día.
Salamandria del Sol, vestido estrellas,
Latiendo el Can del cielo estaba, cuando
—Polvo el cabello, húmidas centellas,
Si no ardientes aljófares, sudando—

Llegó Acis, y de ambas luces bellas
Dulce Occidente viendo al sueño blando,
Su boca dio, y sus ojos, cuanto pudo,
Al sonoro cristal, al cristal mudo.
Era Acis un venablo de Cupido,
De un Fauno —medio hombre, medio fiera—,
En Simetis, hermosa Ninfa, habido;
Gloria del mar, honor de su ribera.
El bello imán, el ídolo dormido,
Que acero sigue, idólatra venera,
Rico de cuanto el huerto ofrece pobre,
Rinden las vacas y fomenta el robre.
El celestial humor recién cuajado
Que la almendra guardó, entre verde y seca,
En blanca mimbre se lo puso al lado
Y un copo, en verdes juncos, de manteca;
En breve corcho, pero bien labrado,
Un rubio hijo de una encina hueca,
Dulcísimo panal, a cuya cera
Su néctar vinculó la primavera.
Caluroso, al arroyo da las manos,
Y con ellas, las ondas a su frente,
Entre dos mirtos que —de espuma canos—,
Dos verdes garzas son de la corriente.
Vagas cortinas de volantes vanos
Corrió Favonio lisonjeramente,
A la de viento, cuando no sea cama
De frescas sombras, de menuda grama.
La Ninfa, pues, la sonora plata
Bullir sintió del arroyuelo apenas,
Cuando —a los verdes márgenes ingrata—

Seguir se hizo de sus azucenas.
Huyera... mas tan frío se desata
Un temor perezoso por sus venas,
Que a la precisa fuga, al presto vuelo
Grillos de nieve fue, plumas de hielo.
Fruta en mimbre halló, leche exprimida
En juncos, miel en corcho, mas sin dueño;
Si bien al dueño debe, agradecida,
Su deidad culta, venerado el sueño.
A la ausencia mil veces ofrecida,
Este de cortesía no pequeño
Indicio la dejó —aunque estatua helada—
Más discursiva y menos alterada.
No al Cíclope atribuye, no, la ofrenda;
No a Sátiro lascivo, ni a otro feo
Morador de las selvas, cuya rienda
El sueño aflija, que aflojó el deseo.
El niño dios, entonces, de la venda,
Ostentación gloriosa, alto trofeo
Quiere que al árbol de su madre sea
El desdén hasta allí de Galatea.
Entre las ramas del que más se lava
En el arroyo, mirto levantado,
Carcaj de cristal hizo, si no aljaba,
Su blanco pecho de un arpón dorado.
El monstruo de rigor, la fiera brava
Mira la ofrenda ya con más cuidado,
Y aun siente que a su dueño sea devoto,
Confuso alcaide más, el verde soto.
Llamáralo, aunque muda; mas no sabe
El nombre articular que más querría,
Ni lo ha visto; si bien pincel suave

Lo ha bosquejado ya en su fantasía.
Al pie —no tanto ya, del temor, grave—
Fía su intento; y, tímida, en la umbría
Cama de campo y campo de batalla,
Fingiendo sueño al cauto garzón halla.
El bulto vio y, haciéndolo dormido,
Librada en un pie toda sobre él pende
—Urbana al sueño, bárbara al mentido
Retórico silencio que no entiende—:
No el ave reina, así el fragoso nido
Corona inmóvil, mientras no desciende
—Rayo con plumas— al milano pollo,
Que la eminencia abriga de un escollo,
Como la Ninfa bella —compitiendo
Con el garzón dormido en cortesía—
No solo para, mas el dulce estruendo
Del lento arroyo enmudecer querría.
A pesar luego de las ramas, viendo
Colorido el bosquejo que ya había
En su imaginación CupIdo hecho
Con el pincel que le clavó su pecho,
De sitio mejorada, atenta mira,
En la disposición robusta, aquello
Que. si por lo suave no la admira,
Es fuerza que la admire por lo bello.
Del casi tramontado Sol aspira
A los confusos rayos su cabello;
Flores su bozo es cuyas colores,
Como duerme la luz, niegan las flores.
(En la rústica greña yace oculto
El áspid del intonso prado ameno,
Antes que del peinado jardín culto

En el lascivo, regalado seno.)
En lo viril desata de su bulto
Lo más dulce el Amor de su veneno:
Bébelo Galatea, y da otro paso,
Por apurarle la ponzoña al vaso.
Acis —aún más, de aquello que dispensa
La brújula del sueño, vigilante—,
Alterada la Ninfa esté o suspensa,
Argos es siempre atento a su semblante,
Lince penetrador de lo que piensa,
Cíñalo bronce o múrelo diamante:
Que en sus Paladiones Amor ciego,
Sin romper muros introduce fuego.
El sueño de sus miembros sacudido,
Gallardo el joven la persona ostenta,
Y al marfil luego de sus pies rendido,
El coturno besar dorado intenta.
Menos ofende el rayo prevenido,
Al marinero, menos la tormenta
Prevista le turbó, o pronosticada:
Galatea lo diga, salteada.
Más agradable, y menos zahareña,
Al mancebo levanta venturoso,
Dulce ya conociéndole y risueña,
Paces no al sueño, treguas sí al reposo.
Lo cóncavo hacía de una peña
A un fresco sitial dosel umbroso,
Y verdes celosías unas yedras,
Trepando troncos y abrazando piedras.
Sobre una alfombra, que imitara en vano
El tiro sus matices —si bien era
De cuantas sedas ya hiló gusano

Y artífice tejió la Primavera—,
Reclinados, al mirto más lozano
Una y otra lasciva, si ligera,
Paloma se caló, cuyos gemidos
—Trompas de Amor— alteran sus oídos.
El ronco arrullo al joven solicita;
Mas, con desvíos Galatea suaves,
A su audacia los términos limita,
Y el aplauso al concento de las aves.
Entre las ondas y la fruta, imita
Acis al siempre ayuno en penas graves:
Que, en tanta gloria, infierno son no breve
Fugitivo cristal, pomos de nieve.
No a las palomas concedió Cupido
Juntar de sus dos picos los rubíes
Cuando al clavel el joven atrevido
Las dos hojas le chupa carmesíes.
Cuantas produce Pafo, engendra Gnido,
Negras víolas, blancos alhelíes,
Llueven sobre el que Amor quiere que sea
Tálamo de Acis y de Galatea.

II Su aliento humo, sus relinchos fuego
—Si bien su freno espumas— ilustraba
Las columnas, Etón, que erigió el Griego,
Do el carro de la luz sus ruedas lava,
Cuando de amor el fiero jayán ciego,
La cerviz oprimió a una roca brava,
Que a la playa, de escollos no desnuda,
Linterna es ciega y atalaya muda.
Árbitro de montañas y ribera,
Aliento dio, en la cumbre de la roca,

A los albogues que agregó la cera,
El prodigioso fuelle de su boca;
La Ninfa los oyó, y ser más quisiera
Breve flor, yerba humilde y tierra poca,
Que de su nuevo tronco vid lasciva,
Muerta de amor, y de temor no viva.
Mas —cristalinos pámpanos sus brazos—
Amor la implica, si el temor la anuda,
Al infelice olmo, que pedazos
La segur de los celos hará, aguda.
Las cavernas en tanto, los ribazos
Que ha prevenido la zampoña ruda,
El trueno de la voz fulminó luego:
Referillo, Piéredes, os ruego.
«¡Oh bella Galatea, más suave
Que los claveles que tronchó la aurora;
Blanca más que las plumas de aquel ave
Que dulce muere y en las aguas mora;
Igual en pompa al pájaro que, grave,
Su manto azul de tantos ojos dora
Cuantas el celestial zafiro estrellas!
¡Oh tú, que en dos incluyes las más bellas!
»Deja las ondas, deja el rubio coro
De las hijas de Tetis, y el mar vea,
Cuando niega la luz un carro de oro,
Que en dos la restituye Galatea.
Pisa la arena, que en la arena adoro
Cuantas el blanco pie conchas platea,
Cuyo bello contacto puede hacerlas,
Sin concebir rocío, parir perlas.
»Sorda hija del mar, cuyas orejas
A mis gemidos son rocas al viento:

O dormida te hurten a mis quejas
Purpúreos troncos de corales ciento,
O al disonante número de almejas
—Marino, si agradable no, instrumento—,
Coros tejiendo estés, escucha un día
Mi voz, por dulce, cuando no por mía.
»Pastor soy, mas tan rico de ganados,
Que los valles impido más vacíos,
Los cerros desparezco levantados
Y los caudales seco de los ríos;
No los que, de sus ubres desatados,
O derribados de los ojos míos,
Leche corren y lágrimas; que iguales
En número a mis bienes son mis males.
»Sudando néctar, lambicando olores,
Senos que ignora aun la golosa cabra
Corchos me guardan, más que abeja flores
Liba inquieta, ingeniosa labra;
Troncos me ofrecen árboles mayores,
Cuyos enjambres, o el abril los abra,
O los desate el mayo, ámbar distilan,
Y en ruecas de oro rayos del Sol hilan.
»Del Júpiter soy hijo, de las ondas,
Aunque pastor; si tu desdén no espera
A que el monarca de esas grutas hondas
En trono de cristal te abrace nuera,
Polifemo te llama, no te escondas,
Que tanto esposo admira la ribera
Cual otro no vio Febo más robusto,
Del perezoso Volga al Indo adusto.
»Sentado, a la alta palma no perdona
Su dulce fruto mi robusta mano;

En pie, sombra capaz es mi persona
De innumerables cabras el verano.
¿Qué mucho, si de nubes se corona
Por igualarme la montaña en vano,
Y en los cielos, desde esta roca, puedo
Escribir mis desdichas con el dedo?
»Marítimo Alción, roca eminente
Sobre sus huevos coronaba, el día
Que espejo de zafiro fue luciente
La playa azul de la persona mía;
Miréme, y lucir vi un Sol en mi frente,
Cuando en el cielo un ojo se veía:
Neutra el agua dudaba a cuál fe preste:
O al cielo humano o al cíclope celeste.
»Registra en otras puertas el venado
Sus años, su cabeza colmilluda
La fiera, cuyo cerro levantado,
De helvecias picas es muralla aguda;
La humana suya el caminante errado
Dio ya a mi cueva, de piedad desnuda,
Albergue hoy por tu causa al peregrino,
Do halló reparo, si perdió camino.
»En tablas dividida, rica nave
Besó la playa miserablemente,
De cuantas vomitó riquezas grave,
Por las bocas del Nilo el Oriente.
Yugo aquel día, y yugo bien suave,
Del fiero mar a la sañuda frente
Imponiéndole estaba, si no al viento,
Dulcísimas coyundas mi instrumento,
»Cuando, entre globos de agua, entregar veo
A las arenas ligurina haya,

En cajas los aromas del Sabeo,
En cofres las riquezas de Cambaya:
Delicias de aquel mundo, ya trofeo
De Escila, que, ostentado en nuestra playa,
Lastimoso despojo fue dos días
A las que esta montaña engendra Harpías.
»Segunda tabla a un ginovés mi gruta
De su persona fue, de su hacienda:
La una reparada, la otra enjuta,
Relación del naufragio hizo horrenda.
Luciente paga de la mejor fruta
Que en yerbas se recline, en hilos penda,
Colmillo fue del animal que el Ganges
Sufrir muros le vio, romper falanges:
»Arco, digo, gentil, bruñida aljaba,
Obras ambas de artífice prolijo,
Y de Malaco rey a deidad Java
Alto don, según ya mi huésped dijo,
De aquél la mano, de ésta el hombro agrava;
Convencida la madre, imita al hijo:
Serás a un tiempo, en estos horizontes,
Venus del mar, Cupido de los montes.»
Su horrenda voz, no su dolor interno
Cabras aquí le interrumpieron, cuantas
—Vagas el pie, sacrílegas el cuerno—
A Baco se atrevieron en sus plantas.
Mas, conculcado el pámpano más tierno
Viendo el fiero pastor, voces él tantas,
Y tantas despidió la honda piedras,
Que el muro penetraron de las yedras.
De los nudos, con esto, más suaves,
Los dulces dos amantes desatados,

Por duras guijas, por espinas graves
Solicitan el mar con pies alados:
Tal redimiendo de importunas aves
Incauto meseguero sus sembrados,
De liebres dirimió copia así amiga,
Que vario sexo unió y un surco abriga.
Viendo el fiero Jayán con paso mudo
Correr al mar la fugitiva nieve
(Que a tanta vista el Líbico desnudo
Registra el campo de su adarga breve)
Y al garzón viendo, cuantas mover pudo
Celoso trueno, antiguas hayas mueve:
Tal, antes que la opaca nube rompa
Previene rayo fulminante trompa.
Con violencia desgajó infinita
La mayor punta de la excelsa roca,
Que al joven, sobre quien la precipita,
Urna es mucha, pirámide no poca.
Con lágrimas la Ninfa solicita
Las deidades del mar, que Acis invoca:
Concurren todas, y el peñasco duro
La sangre que exprimió, cristal fue puro.
Sus miembros lastimosamente opresos
Del escollo fatal fueron apenas,
Que los pies de los árboles más gruesos
Calzó el líquido aljófar de sus venas.
Corriente plata al fin sus blancos huesos,
Lamiendo flores y argentando arenas,
A Doris llega que, con llanto pío,
Yerno lo saludó, lo aclamó río.

1613

Dedicatoria al duque de Béjar

Pasos de un peregrino son errante
Cuantos me dictó versos dulce Musa,
En soledad confusa
Perdidos unos, otros inspirados.
¡Oh tú que, de venablos impedido,   5
Muros de abeto, almenas de diamante,
Bates los montes, que de nieve armados,
Gigantes de cristal los teme el cielo,
Donde el cuerno, del eco repetido,
Fieras te expone, que al teñido suelo   10
Muertas pidiendo términos disformes,
Espumoso coral le dan al Tormes!
Arrima a un fresno el freno, cuyo acero,
Sangre sudando, en tiempo hará breve
Purpurear la nieve,   15
Y en cuanto da el solícito montero,
Al duro robre, al pino levantado,
émulos vividores de las peñas,
Las formidables señas
Del oso que aun besaba, atravesado,   20
La asta de tu luciente jabalina,
O lo sagrado supla de la encina
Lo augusto del dosel, o de la fuente
La alta cenefa lo majestuoso
Del sitial a tu deidad debido,   25
¡oh Duque esclarecido!,
Templa en sus ondas tu fatiga ardiente,
Y entregados tus miembros al reposo
Sobre el de grama césped no desnudo,
Déjate un rato hallar del pie acertado   30

Que sus errantes pasos ha votado
A la real cadena de tu escudo.
Honre suave, generoso nudo,
Libertad de Fortuna perseguida;
Que a tu piedad Euterpe agradecida,   35
Su canoro dará dulce instrumento,
Cuando la Fama no su trompa al viento.

Soledades. Soledad primera

Era del año la estación florida
En que el mentido robador de Europa
(Media Luna las armas de su frente,
Y el Sol todos los rayos de su pelo),
Luciente honor del cielo, 5
En campos de zafiro pace estrellas,
Cuando el que ministrar podía la copa
A Júpiter mejor que el garzón de Ida,
Náufrago y desdeñado, sobre ausente,
Lagrimosas de amor dulces querellas 10
Da al mar, que condolido,
Fue a las ondas, fue al viento
El mísero gemido,
Segundo de Arión dulce instrumento.
Del siempre en la montaña opuesto pino 15
Al enemigo Noto,
Piadoso miembro roto,
Breve tabla, delfín no fue pequeño
Al inconsiderado peregrino,
Que a una Libia de ondas su camino 20
Fió, y su vida a un leño.
Del Océano pues antes sorbido,
Y luego vomitado
No lejos de un escollo coronado
De secos juncos, de calientes plumas, 25
Alga todo y espumas,
Halló hospitalidad donde halló nido
De Júpiter el ave.
Besa la arena, y de la rota nave

Aquella parte poca 30
Que le expuso en la playa dio a la roca;
Que aun se dejan las peñas
Lisonjear de agradecidas señas.
Desnudo el joven, cuanto ya el vestido
Océano ha bebido, 35
Restituir le hace a las arenas;
Y al Sol lo extiende luego,
Que, lamiéndolo apenas
Su dulce lengua de templado fuego,
Lento lo embiste, y con suave estilo 40
La menor onda chupa al menor hilo.
No bien pues de su luz los horizontes,
Que hacían desigual, confusamente,
Montes de agua y piélagos de montes,
Desdorados los siente, 45
Cuando, entregado el mísero extranjero
En lo que ya del mar redimió fiero,
Entre espinas crepúsculos pisando,
Riscos que aun igualara mal volando
Veloz, intrépida ala, 50
Menos cansado que confuso, escala.
Vencida al fin la cumbre,
Del mar siempre sonante,
De la muda campaña
árbitro igual e inexpugnable muro, 55
Con pie ya más seguro
Declina al vacilante
Breve esplendor del mal distinta lumbre,
Farol de una cabaña
Que sobre el ferro está en aquel incierto 60
Golfo de sombras anunciando el puerto.

«Rayos —les dice—, ya que no de Leda
Trémulos hijos, sed de mi fortuna
Término luminoso.» Y recelando
De invidiosa bárbara arboleda   65
Interposición, cuando
De vientos no conjuración alguna,
Cual haciendo el villano
La fragosa montaña fácil llano,
Atento sigue aquella   70
(Aun a pesar de las tinieblas bella,
Aun a pesar de las estrellas clara)
Piedra, indigna tiara,
Si tradición apócrifa no miente,
De animal tenebroso, cuya frente   75
Carro es brillante de nocturno día:
Tal, diligente, el paso
El joven apresura,
Midiendo la espesura
Con igual pie que el raso,   80
Fijo, a despecho de la niebla fría,
En el carbunclo, Norte de su aguja,
O el Austro brame, o la arboleda cruja.
El can ya vigilante
Convoca, despidiendo al caminante,   85
Y la que desviada
Luz poca pareció, tanta es vecina,
Que yace en ella robusta encina,
Mariposa en cenizas desatada.
Llegó pues el mancebo, y saludado,   90
Sin ambición, sin pompa de palabras,
De los conducidores fue de cabras,
Que a Vulcano tenían coronado.

«¡Oh bienaventurado
Albergue a cualquier hora, 95
Templo de Pales, alquería de Flora!
No moderno artificio
Borró designios, bosquejó modelos,
Al cóncavo ajustando de los cielos
El sublime edificio; 100
Retamas sobre robre
Tu fábrica son pobre,
Do guarda, en vez de acero,
La inocencia al cabrero
Más que el silbo al ganado. 105
¡Oh bienaventurado
Albergue a cualquier hora!
No en ti la ambición mora
Hidrópica de viento,
Ni la que su alimento 110
El áspid es gitano;
No la que, en vulto comenzando humano,
Acaba en mortal fiera,
Esfinge bachillera,
Que hace hoy a Narciso 115
Ecos solicitar, desdeñar fuentes;
Ni la que en salvas gasta impertinentes
La pólvora del tiempo más preciso;
Ceremonia profana
Que la sinceridad burla villana 120
Sobre el corvo cayado.
¡Oh bienaventurado
Albergue a cualquier hora!
Tus umbrales ignora
La adulación, sirena 125

De Reales Palacios, cuya arena
Besó ya tanto leño,
Trofeos dulces de un canoro sueño.
No a la soberbia está aquí la mentira
Dorándole los pies, en cuanto gira 130
La esfera de sus plumas,
Ni de los rayos baja a las espumas
Favor de cera alado.
¡Oh bienaventurado
Albergue a cualquier hora!» 135
No pues de aquella sierra, engendradora
Más de fierezas que de cortesía,
La gente parecía
Que hospedó al forastero
Con pecho igual de aquel candor primero 140
Que, en las selvas contento,
Tienda el fresno le dio, el robre alimento.
Limpio sayal, en vez de blanco lino,
Cubrió el cuadrado pino,
Y en boj, aunque rebelde, a quien el torno 145
Forma elegante dio sin culto adorno,
Leche que exprimir vio la alba aquel día,
Mientras perdían con ella
Los blancos lilios de su frente bella,
Gruesa le dan y fría, 150
Impenetrable casi a la cuchara,
Del sabio Alcimedón invención rara.
El que de cabras fue dos veces ciento
Esposo casi un lustro (cuyo diente
No perdonó a racimo, aun en la frente 155
De Baco, cuanto más en su sarmiento,
Triunfador siempre de celosas lides,

Lo coronó el Amor; mas rival tierno,
Breve de barba y duro no de cuerno,
Redimió con su muerte tantas vides),   160
Servido ya en cecina,
Purpúreos hilos es de grana fina.
Sobre corchos después, más regalado
Sueño le solicitan pieles blandas,
Que al Príncipe entre holandas,   165
Púrpura tiria o milanés brocado.
No de humosos vinos agravado
Es Sísifo en la cuesta, si en la cumbre
De ponderosa vana pesadumbre
Es, cuanto más despierto, más burlado.   170
De trompa militar no, o destemplado
Son de cajas fue el sueño interrumpido,
De can sí, embravecido
Contra la seca hoja
Que el viento repeló a alguna coscoja.   175
Durmió, y recuerda al fin cuando las aves,
Esquilas dulces de sonora pluma,
Señas dieron suaves
Del Alba al Sol, que el pabellón de espuma
Dejó, y en su carroza   180
Rayó el verde obelisco de la choza.
Agradecido pues el peregrino,
Deja el albergue, y sale acompañado
De quien lo lleva donde levantado,
Distante pocos pasos del camino,   185
Imperioso mira la campaña
Un escollo apacible, galería
Que festivo teatro fue algún día
De cuantos pisan Faunos la montaña.

            Llegó y, a vista tanta   190
            Obedeciendo la dudosa planta,
            Inmóvil se quedó sobre un lentisco,
            Verde balcón del agradable risco.
            Si mucho poco mapa le despliega,
            Mucho es más lo que, nieblas desatando, 195
            Confunde el Sol y la distancia niega.
            Muda la admiración habla callando,
            Y ciega un río sigue que, luciente
            De aquellos montes hijo,
            Con torcido discurso, aunque prolijo,   200
            Tiraniza los campos útilmente;
            Orladas sus orillas de frutales,
            Quiere la Copia que su cuerno sea,
            Si al animal armaron de Amaltea
            Diáfanos cristales;   205
            Engazando edificios en su plata,
            De muros se corona,
            Rocas abraza, islas aprisiona,
            De la alta gruta donde se desata
            Hasta los jaspes líquidos, adonde   210
            Su orgullo pierde y su memoria esconde.
            «Aquéllas que los árboles apenas
            Dejan ser torres hoy, dijo el cabrero
            Con muestras de dolor extraordinarias,
            Las estrellas nocturnas luminarias   215
            Eran de sus almenas,
            Cuando el que ves sayal fue limpio acero.
            Yacen ahora, y sus desnudas piedras
            Visten piadosas yedras,
            Que a ruinas y a estragos   220
            Sabe el tiempo hacer verdes halagos.»

Con gusto el joven y atención le oía,
Cuando torrente de armas y de perros,
Que si precipitados no los cerros,
Las personas tras de un lobo traía,   225
Tierno discurso y dulce compañía
Dejar hizo al serrano,
Que del sublime espacioso llano
Al huésped al camino reduciendo,
Al venatorio estruendo,   230
Pasos dando veloces,
Número crece y multiplica voces.
Bajaba entre sí el joven admirando
Armado a Pan, o semicapro a Marte,
En el pastor mentidos, que con arte   235
Culto principio dio al discurso, cuando
Rémora de sus pasos fue su oído,
Dulcemente impedido
De canoro instrumento, que pulsado
Era de una serrana junto a un tronco,   240
Sobre un arroyo de quejarse ronco,
Mudo sus ondas, cuando no enfrenado.
Otra con ella montaraz zagala
Juntaba el cristal líquido al humano
Por el arcaduz bello de una mano   245
Que al uno menosprecia, al otro iguala.
Del verde margen otra las mejores
Rosas traslada y lilios al cabello,
O por lo matizado o por lo bello,
Si Aurora no con rayos, Sol con flores.   250
Negras pizarras entre blancos dedos
Ingeniosa hiere otra, que dudo
Que aun los peñascos la escucharan quedos.

Al son pues deste rudo
Sonoroso instrumento,   255
Lasciva el movimiento,
Mas los ojos honesta,
Altera otra bailando la floresta.
Tantas al fin el arroyuelo, y tantas
Montañesas da el prado, que dirías   260
Ser menos las que verdes Hamadrías
Abortaron las plantas:
Inundación hermosa
Que la montaña hizo populosa
De sus aldeas todas   265
A pastorales bodas.
De una encina embebido
En lo cóncavo, el joven mantenía
La vista de hermosura, y el oído
De métrica armonía.   270
El Sileno buscaba
De aquellas que la sierra dio Bacantes,
Ya que Ninfas las niega ser errantes
El hombro sin aljaba,
O si del Termodonte,   275
émulo del arroyuelo desatado
De aquel fragoso monte,
Escuadrón de Amazonas desarmado
Tremola en sus riberas
Pacíficas banderas.   280
Vulgo lascivo erraba
Al voto del mancebo,
El yugo de ambos sexos sacudido,
Al tiempo que, de flores impedido
El que ya serenaba   285

La región de su frente rayo nuevo,
Purpúrea terneruela, conducida
De su madre, no menos enramada,
Entre albogues se ofrece, acompañada
De juventud florida.   290
Cuál dellos las pendientes sumas graves
De negras baja, de crestadas aves,
Cuyo lascivo esposo vigilante
Doméstico es del Sol nuncio canoro,
Y de coral barbado, no de oro   295
Ciñe, sino de púrpura, turbante.
Quién la cerviz oprime
Con la manchada copia
De los cabritos más retozadores,
Tan golosos, que gime   300
El que menos peinar puede las flores
De su guirnalda propia.
No el sitio, no, fragoso,
No el torcido taladro de la tierra,
Privilegió en la sierra   305
La paz del conejuelo temeroso;
Trofeo ya su número es a un hombro,
Si carga no y asombro.
Tú, ave peregrina,
Arrogante esplendor, ya que no bello,   310
Del último Occidente,
Penda el rugoso nácar de tu frente
Sobre el crespo zafiro de tu cuello,
Que Himeneo a sus mesas te destina.
Sobre dos hombros larga vara ostenta   315
En cien aves cien picos de rubíes,
Tafiletes calzadas carmesíes,

Emulación y afrenta
Aun de los berberiscos,
En la inculta región de aquellos riscos.   320
Lo que lloró la Aurora,
Si es néctar lo que llora,
Y, antes que el Sol, enjuga
La abeja que madruga
A libar flores y a chupar cristales,   325
En celdas de oro líquido, en panales
La orza contenía
Que un montañés traía.
No excedía la oreja
El pululante ramo   330
Del ternezuelo gamo,
Que mal llevar se deja,
Y con razón, que el tálamo desdeña
La sombra aun de lisonja tan pequeña.
El arco del camino pues torcido,   335
Que habían con trabajo
Por la fragosa cuerda del atajo
Las gallardas serranas desmentido,
De la cansada juventud vencido,
Los fuertes hombros con las cargas graves, 340
Treguas hechas suaves,
Sueño le ofrece a quien buscó descanso
El ya sañudo arroyo, ahora manso.
Merced de la hermosura que ha hospedado,
Efectos, si no dulces, del concento   345
Que, en las lucientes de marfil clavijas,
Las duras cuerdas de las negras guijas
Hicieron a su curso acelerado,
En cuanto a su furor perdonó el viento.

Menos en renunciar tardó la encina 350
El extranjero errante,
Que en reclinarse el menos fatigado
Sobre la grana que se viste fina
Su bella amada, deponiendo amante
En las vestidas rosas su cuidado. 355
Saludolos a todos cortésmente,
Y, admirado no menos
De los serranos que correspondido,
Las sombras solicita de unas peñas.
De lágrimas los tiernos ojos llenos, 360
Reconociendo el mar en el vestido
(Que beberse no pudo el Sol ardiente
Las que siempre dará cerúleas señas),
Político serrano,
De canas grave, habló desta manera: 365
«¿Cuál tigre, la más fiera
Que clima infamó hircano,
Dio el primer alimento
Al que, ya deste o de aquel mar, primero
Surcó, labrador fiero, 370
El campo undoso en mal nacido pino,
Vaga Clicie del viento,
En telas hecho, antes que en flor, el lino?
Más armas introdujo este marino
Monstruo, escamado de robustas hayas, 375
A las que tanto mar divide playas,
Que confusión y fuego
Al frigio muro el otro leño griego.
Náutica industria investigó tal piedra,
Que, cual abraza yedra 380
Escollo, el metal ella fulminante

De que Marte se viste y, lisonjera,
Solicita el que más brilla diamante
En la nocturna capa de la esfera,
Estrella a nuestro Polo más vecina;   385
Y, con virtud no poca,
Distante le revoca,
Elevada la inclina
Ya de la Aurora bella
Al rosado balcón, ya a la que sella,   390
Cerúlea tumba fría,
Las cenizas del día.
En esta pues fiándose atractiva,
Del Norte amante dura, alado roble,
No hay tormentoso cabo que no doble,   395
Ni isla hoy a su vuelo fugitiva.
Tifis el primer leño mal seguro
Condujo, muchos luego Palinuro;
Si bien por un mar ambos, que la tierra
Estanque dejó hecho,   400
Cuyo famoso estrecho
Una y otra de Alcides llave cierra.
Piloto hoy la Codicia, no de errantes
árboles, mas de selvas inconstantes,
Al padre de las aguas Océano   405
(De cuya monarquía
El Sol, que cada día
Nace en sus ondas y en sus ondas muere,
Los términos saber todos no quiere)
Dejó primero de su espuma cano,   410
Sin admitir segundo
En inculcar sus límites al mundo.
Abetos suyos tres aquel tridente

Violaron a Neptuno,
Conculcado hasta allí de otro ninguno,   415
Besando las que al Sol el Occidente
Le corre en lecho azul de aguas marinas,
Turquesadas cortinas.
A pesar luego de áspides volantes,
Sombra del Sol y tósigo del viento,   420
De Caribes flechados, sus banderas
Siempre gloriosas, siempre tremolantes,
Rompieron los que armó de plumas ciento
Lestrigones el istmo, aladas fieras;
El istmo que al Océano divide,   425
Y, sierpe de cristal, juntar le impide
La cabeza, del Norte coronada,
Con la que ilustra el Sur cola escamada
De antárticas estrellas.
Segundos leños dio a segundo Polo   430
En nuevo mar, que le rindió no solo
Las blancas hijas de sus conchas bellas,
Mas los que lograr bien no supo Midas
Metales homicidas.
No le bastó después a este elemento   435
Conducir orcas, alistar ballenas,
Murarse de montañas espumosas,
Infamar blanqueando sus arenas
Con tantas del primer atrevimiento
Señas, aun a los buitres lastimosas,   440
Para con estas lastimosas señas
Temeridades enfrenar segundas.
Tú, Codicia, tú, pues, de las profundas
Estigias aguas torpe marinero,
Cuantos abre sepulcros el mar fiero   445

A tus huesos desdeñas.
El promontorio que Éolo sus rocas
Candados hizo de otras nuevas grutas
Para el Austro de alas nunca enjutas,
Para el Cierzo espirante por cien bocas,   450
Doblaste alegre, y tu obstinada entena
Cabo lo hizo de Esperanza Buena.
Tantos luego astronómicos presagios
Frustrados, tanta náutica doctrina,
Debajo de la zona más vecina   455
Al Sol, calmas vencidas y naufragios,
Los reinos de la Aurora al fin besaste,
Cuyos purpúreos senos perlas netas,
Cuyas minas secretas
Hoy te guardan su más precioso engaste. 460
La aromática selva penetraste,
Que al pájaro de Arabia (cuyo vuelo
Arco alado es del cielo,
No corvo, mas tendido)
Pira le erige, y le construye nido.   465
Zodíaco después fue cristalino
A glorioso pino,
émulo vago del ardiente coche
Del Sol, este elemento,
Que cuatro veces había sido ciento   470
Dosel al día y tálamo a la noche,
Cuando halló de fugitiva plata
La bisagra, aunque estrecha, abrazadora
De un Océano y otro, siempre uno,
O las columnas bese o la escarlata,   475
Tapete de la Aurora.
Esta pues nave, ahora

En el húmido templo de Neptuno
Varada pende a la inmortal memoria
Con nombre de Victoria. 480
De firmes islas no la inmóvil flota
En aquel mar del Alba te describo,
Cuyo número, ya que no lascivo,
Por lo bello, agradable y por lo vario
La dulce confusión hacer podía, 485
Que en los blancos estanques del Eurota
La virginal desnuda montería,
Haciendo escollos o de mármol pario
O de terso marfil sus miembros bellos,
Que pudo bien Acteón perderse en ellos. 490
El bosque dividido en islas pocas,
Fragante productor de aquel aroma
Que, traducido mal por el Egito,
Tarde lo encomendó el Nilo a sus bocas,
Y ellas más tarde a la gulosa Grecia, 495
Clavo no, espuela sí del apetito,
Que cuanto en concocelle tardó Roma
Fue templado Catón, casta Lucrecia,
Quédese, amigo, en tan inciertos mares,
Donde con mi hacienda 500
Del alma se quedó la mejor prenda,
Cuya memoria es buitre de pesares.»
En suspiros con esto,
Y en más anegó lágrimas el resto
De su discurso el montañés prolijo, 505
Que el viento su caudal, el mar su hijo.
Consolalle pudiera el peregrino
Con las de su edad corta historias largas,
Si, vinculados todos a sus cargas

Cual próvidas hormigas a sus mieses, 510
No comenzaran ya los montañeses
A esconder con el número el camino,
Y el cielo con el polvo. Enjugó el viejo
Del tierno humor las venerables canas,
Y levantando al forastero, dijo: 515
«Cabo me han hecho, hijo,
Deste hermoso tercio de serranas;
Si tu neutralidad sufre consejo,
Y no te fuerza obligación precisa,
La piedad que en mi alma ya te hospeda 520
Hoy te convida al que nos guarda sueño
Política alameda,
Verde muro de aquel lugar pequeño
Que, a pesar de esos fresnos, se divisa;
Sigue la femenil tropa conmigo: 525
Verás curioso y honrarás testigo
El tálamo de nuestros labradores,
Que de tu calidad señas mayores
Me dan que del Océano tus paños,
O razón falta donde sobran años.» 530
Mal pudo el extranjero, agradecido,
En tercio tal negar tal compañía
Y en tan noble ocasión tal hospedaje.
Alegres pisan la que, si no era
De chopos calle y de álamos carrera, 535
El fresco de los céfiros ruido,
El denso de los árboles celaje
En duda ponen cuál mayor hacía
Guerra al calor o resistencia al día.
Coros tejiendo, voces alternando, 540
Sigue la dulce escuadra montañesa

Del perezoso arroyo el paso lento,
En cuanto él hurta blando,
Entre los olmos que robustos besa,
Pedazos de cristal, que el movimiento   545
Libra en la falda, en el coturno ella,
De la coluna bella,
Ya que celosa basa,
Dispensadora del cristal no escasa.
Sirenas de los montes su concento,   550
A la que menos del sañudo viento
Pudiera antigua planta
Temer ruina o recelar fracaso,
Pasos hiciera dar el menor paso
De su pie o su garganta.   555
Pintadas aves, cítaras de pluma,
Coronaban la bárbara capilla,
Mientras el arroyuelo para oílla
Hace de blanca espuma
Tantas orejas cuantas guijas lava,   560
De donde es fuente a donde arroyo acaba.
Vencedores se arrogan los serranos
Los consignados premios otro día,
Ya al formidable salto, ya a la ardiente
Lucha, ya a la carrera polvorosa.   565
El menos ágil, cuantos comarcanos
Convoca el caso él solo desafía,
Consagrando los palios a su esposa,
Que a mucha fresca rosa
Beber el sudor hace de su frente,   570
Mayor aún del que espera
En la lucha, en el salto, en la carrera.
Centro apacible un círculo espacioso

A más caminos que una estrella rayos
Hacía, bien de pobos, bien de alisos,   575
Donde la Primavera,
Calzada abriles y vestida mayos,
Centellas saca de cristal undoso
A un pedernal orlado de narcisos.
Este pues centro era   580
Meta umbrosa al vaquero convecino,
Y delicioso término al distante,
Donde, aún cansado más que el caminante,
Concurría el camino.
Al concento se abaten cristalino   585
Sedientas las serranas,
Cual simples codornices al reclamo
Que les miente la voz, y verde cela
Entre la no espigada mies la tela.
Músicas hojas viste el menor ramo   590
Del álamo que peina verdes canas;
No céfiros en él, no ruiseñores
Lisonjear pudieron breve rato
Al montañés que, ingrato
Al fresco, a la armonía y a las flores,   595
Del sitio pisa ameno
La fresca hierba cual la arena ardiente
De la Libia, y a cuantas da la fuente
Sierpes de aljófar, aún mayor veneno
Que a las del Ponto tímido atribuye,   600
Según el pie, según los labios huye.
Pasaron todos pues, y regulados
Cual en los Equinocios surcar vemos
Los piélagos del aire libre algunas
Volantes no galeras,   605

Sino grullas veleras,
Tal vez creciendo, tal menguando lunas
Sus distantes extremos,
Caracteres tal vez formando alados
En el papel diáfano del cielo 610
Las plumas de su vuelo.
Ellas en tanto en bóvedas de sombras,
Pintadas siempre al fresco,
Cubren las que Sidón, telar turquesco,
No ha sabido imitar verdes alfombras. 615
Apenas reclinaron la cabeza
Cuando, en número iguales y en belleza,
Los márgenes matiza de las fuentes
Segunda primavera de villanas,
Que parientas del novio aún más cercanas 620
Que vecinos sus pueblos, de presentes
Prevenidas, concurren a las bodas.
Mezcladas hacen todas
Teatro dulce, no de escena muda,
El apacible sitio: espacio breve 625
En que, a pesar del Sol, cuajada nieve,
Y nieve de colores mil vestida,
La sombra vio florida
En la hierba menuda.
Viendo pues que igualmente les quedaba 630
Para el lugar a ellas de camino
Lo que al Sol para el lóbrego Occidente,
Cual de aves se caló turba canora
A robusto nogal que acequia lava
En cercado vecino, 635
Cuando a nuestros Antípodas la Aurora
Las rosas gozar deja de su frente,

Tal sale aquella que sin alas vuela
Hermosa escuadra con ligero paso,
Haciéndole atalayas del Ocaso   640
Cuantos humeros cuenta la aldehuela.
El lento escuadrón luego
Alcanzan de serranos,
Y disolviendo allí la compañía,
Al pueblo llegan con la luz que el día   645
Cedió al sacro volcán de errante fuego,
A la torre de luces coronada
Que el templo ilustra, y a los aires vanos
Artificiosamente da exhalada
Luminosas de pólvora saetas,   650
Purpúreos no cometas.
Los fuegos pues el joven solemniza,
Mientras el viejo tanta acusa tea
Al de las bodas Dios, no alguna sea
De nocturno Faetón carroza ardiente,   655
Y miserablemente
Campo amanezca estéril de ceniza
La que anocheció aldea.
De Alcides le llevó luego a las plantas,
Que estaban no muy lejos,   660
Trenzándose el cabello verde a cuantas
Da el fuego luces y el arroyo espejos.
Tanto garzón robusto,
Tanta ofrecen los álamos zagala,
Que abreviara el Sol en una estrella,   665
Por ver la menos bella,
Cuantos saluda rayos el Bengala,
Del Ganges cisne adusto.
La gaita al baile solicita el gusto,

A la voz el salterio; 670
Cruza el Trión más fijo el Hemisferio,
Y el tronco mayor danza en la ribera;
El eco, voz ya entera,
No hay silencio a que pronto no responda;
Fanal es del arroyo cada onda, 675
Luz el reflejo, la agua vidriera.
Términos le da el sueño al regocijo,
Mas al cansancio no, que el movimiento
Verdugo de las fuerzas es prolijo.
Los fuegos (cuyas lenguas ciento a ciento 680
Desmintieron la noche algunas horas,
Cuyas luces, del Sol competidoras,
Fingieron día en la tiniebla oscura)
Murieron, y en sí mismos sepultados,
Sus miembros, en cenizas desatados, 685
Piedras son de su misma sepultura.
Vence la noche al fin, y triunfa mudo
El silencio, aunque breve, del ruido.
Solo gime ofendido
El sagrado laurel del hierro agudo. 690
Deja de su esplendor, deja desnudo
De su frondosa pompa al verde aliso
El golpe no remiso
Del villano membrudo.
El que resistir pudo 695
Al animoso Austro, al Euro ronco,
Chopo gallardo, cuyo liso tronco
Papel fue de pastores, aunque rudo,
A revelar secretos va a la aldea,
Que impide Amor que aun otro chopo lea. 700
Estos árboles pues ve la mañana

Mentir florestas y emular viales,
Cuantos muró de líquidos cristales
Agricultura urbana.
Recordó al Sol no de su espuma cana 705
La dulce de las aves armonía,
Sino los dos topacios que batía,
Orientales aldabas, Himeneo.
Del carro pues febeo
El luminoso tiro, 710
Mordiendo oro, el eclíptico zafiro
Pisar quería, cuando el populoso
Lugarillo el serrano
Con su huésped, que admira cortesano,
A pesar del estambre y de la seda, 715
El que tapiz frondoso
Tejió de verdes hojas la arboleda,
Y los que por las calles espaciosas
Fabrican arcos, rosas,
Oblicuos nuevos, pénsiles jardines, 720
De tantos como víolas jazmines.
Al galán novio el montañés presenta
Su forastero; luego al venerable
Padre de la que en sí bella se esconde
Con ceño dulce y, con silencio afable, 725
Beldad parlera, gracia muda ostenta,
Cual del rizado verde botón, donde
Abrevia su hermosura virgen rosa,
Las cisuras cairela
Un color que la púrpura que cela 730
Por brújula concede vergonzosa.
Digna la juzga esposa
De un héroe, si no augusto, esclarecido,

El joven, al instante arrebatado
A la que, naufragante y desterrado,   735
Le condenó a su olvido.
Este pues Sol que a olvido le condena,
Cenizas hizo las que su memoria
Negras plumas vistió, que infelizmente
Sordo engendran gusano, cuyo diente,   740
Minador antes lento de su gloria,
Inmortal arador fue de su pena,
Y en la sombra no más de la azucena,
Que del clavel procura acompañada
Imitar en la bella labradora   745
El templado color de la que adora,
Víbora pisa tal el pensamiento,
Que el alma, por los ojos desatada,
Señas diera de su arrebatamiento,
Si de zampoñas ciento   750
Y de otros, aunque bárbaros, sonoros
Instrumentos, no en dos festivos coros
Vírgenes bellas, jóvenes lucidos,
Llegaran conducidos.
El numeroso al fin de labradores   755
Concurso impaciente
Los novios saca: él, de años floreciente,
Y de caudal más floreciente que ellos;
Ella, la misma pompa de las flores,
La esfera misma de los rayos bellos.   760
El lazo de ambos cuellos
Entre un lascivo enjambre iba de amores
Himeneo añudando,
Mientras invocan su deidad la alterna
De zagalejas cándidas voz tierna   765

           Y de garzones este acento blando:

Coro I   «Ven, Himeneo, ven donde te espera,
           Con ojos y sin alas, un Cupido
           Cuyo cabello intonso dulcemente
           Niega el vello que el vulto ha colorido: 770
           El vello, flores de su primavera,
           Y rayos el cabello de su frente.
           Niño amó la que adora adolescente,
           Villana Psiques, Ninfa labradora
           De la tostada Ceres. Ésta ahora,   775
           En los inciertos de su edad segunda
           Crepúsculos, vincule tu coyunda
           A su ardiente deseo.
           Ven, Himeneo, ven; ven, Himeneo.»

Coro II   «Ven, Himeneo, donde entre arreboles   780
           De honesto rosicler, previene el día,
           Aurora de sus ojos soberanos,
           Virgen tan bella, que hacer podría
           Tórrida la Noruega con dos soles,
           Y blanca la Etiopia con dos manos.   785
           Claveles del abril, rubíes tempranos,
           Cuantos engasta el oro del cabello,
           Cuantas (del uno ya y del otro cuello
           Cadenas) la concordia engarza rosas,
           De sus mejillas siempre vergonzosas   790
           Purpúreo son trofeo.
           Ven, Himeneo, ven; ven, Himeneo.»

Coro I   «Ven, Himeneo, y plumas no vulgares
           Al aire los hijuelos den alados

| | De las que el bosque bellas Ninfas cela; 795
De sus carcajes, éstos, argentados,
Flechen mosquetas, nieven azahares;
Vigilantes aquéllos, la aldehuela
Rediman del que más o tardo vuela,
O infausto gime pájaro nocturno; 800
Mudos coronen otros por su turno
El dulce lecho conyugal, en cuanto
Lasciva abeja al virginal acanto
Néctar le chupa hibleo.
Ven, Himeneo, ven; ven, Himeneo.» 805

Coro II   «Ven, Himeneo, y las volantes pías
Que azules ojos con pestañas de oro
Sus plumas son, conduzgan alta diosa,
Gloria mayor del soberano coro.
Fíe tus nudos ella, que los días 810
Disuelvan tarde en senectud dichosa,
Y la que Juno es hoy a nuestra esposa,
Casta Lucina, en lunas desiguales
Tantas veces repita sus umbrales,
Que Níobe inmortal la admire el mundo, 815
No en blanco mármol, por su mal fecundo,
Escollo hoy de Leteo.
Ven, Himeneo, ven; ven, Himeneo.»

Coro I   «Ven, Himeneo, y nuestra agricultura
De copia tal a estrellas deba amigas 820
Progenie tan robusta, que su mano
Toros dome, y de un rubio mar de espigas
Inunde liberal la tierra dura;
Y al verde, joven, floreciente llano

	Blancas ovejas suyas hagan cano	825
	En breves horas caducar la hierba.	
	Oro le expriman líquido a Minerva,	
	Y, los olmos casando con las vides,	
	Mientras coronan pámpanos a Alcides,	
	Clava empuñe Lieo.	830
	Ven, Himeneo, ven; ven, Himeneo.»	
Coro II	«Ven, Himeneo, y tantas le dé a Pales	
	Cuantas a Palas dulces prendas ésta,	
	Apenas hija hoy, madre mañana.	
	De errantes lilios unas la floresta	835
	Cubran, corderos mil que los cristales	
	Vistan del río en breve undosa lana;	
	De Aracnes otras la arrogancia vana	
	Modestas acusando en blancas telas,	
	No los hurtos de Amor, no las cautelas	840
	De Júpiter compulsen; que, aun en lino,	
	Ni a la pluvia luciente de oro fino,	
	Ni al blanco cisne creo.	
	Ven, Himeneo, ven; ven, Himeneo.»	
	El dulce alterno canto	845
	A sus umbrales revocó felices	
	Los novios del vecino templo santo.	
	Del yugo aún no domadas las cervices,	
	Novillos (breve término surcado)	
	Restituyen así el pendiente arado	850
	Al que pajizo albergue los aguarda.	
	Llegaron todos pues, y, con gallarda	
	Civil magnificencia, el suegro anciano,	
	Cuantos la sierra dio, cuantos dio el llano,	
	Labradores convida	855

A la prolija rústica comida,
Que sin rumor previno en mesas grandes.
Ostente crespas blancas esculturas
Artífice gentil de dobladuras
En los que damascó manteles Flandes,   860
Mientras casero lino Ceres tanta
Ofrece ahora, cuantos guardó el heno
Dulces pomos, que al curso de Atalanta
Fueran dorado freno.
Manjares que el veneno   865
Y el apetito ignoran igualmente
Les sirvieron; y en oro no luciente,
Confuso Baco, ni en bruñida plata,
Su néctar les desata,
Sino en vidrio topacios carmesíes   870
Y pálidos rubíes.
Sellar del fuego quiso regalado
Los gulosos estómagos el rubio
Imitador suave de la cera,
Quesillo dulcemente apremiado   875
De rústica, vaquera,
Blanca, hermosa mano, cuyas venas
La distinguieron de la leche apenas;
Mas ni la encarcelada nuez esquiva,
Ni el membrillo pudieran anudado,   880
Si la sabrosa oliva
No serenara el bacanal diluvio.
Levantadas las mesas, al canoro
Son de la Ninfa un tiempo, ahora caña,
Seis de los montes, seis de la campaña   885
(Sus espaldas rayando el sutil oro
Que negó al viento el nácar bien tejido),

Terno de gracias bello, repetido
Cuatro veces en doce labradoras,
Entró bailando numerosamente; 890
Y dulce Musa entre ellas, si consiente
Bárbaras el Parnaso moradoras:
«Vivid felices —dijo—,
Largo curso de edad nunca prolijo;
Y si prolijo, en nudos amorosos 895
Siempre vivid esposos.
Venza no solo en su candor la nieve,
Mas plata en su esplendor sea cardada
Cuanto estambre vital Cloto os traslada
De la alta fatal rueca al huso breve. 900
Sean de la Fortuna
Aplausos la respuesta
De vuestras granjerías.
A la reja importuna,
A la azada molesta 905
Fecundo os rinda, en desiguales días,
El campo agradecido
Oro trillado y néctar exprimido.
Sus morados cantuesos, sus copadas
Encinas la montaña contar antes 910
Deje que vuestras cabras, siempre errantes,
Que vuestras vacas, tarde o nunca herradas.
Corderillos os brote la ribera,
Que la hierba menuda
Y las perlas exceda del rocío 915
Su número, y del río
La blanca espuma, cuantos la tijera
Vellones les desnuda.
Tantos de breve fábrica, aunque ruda,

Albergues vuestros las abejas moren, 920
Y Primaveras tantas os desfloren,
Que, cual la Arabia madre ve de aromas
Sacros troncos sudar fragantes gomas,
Vuestros corchos por uno y otro poro
En dulce se desaten líquido oro. 925
Próspera, al fin, mas no espumosa tanto
Vuestra fortuna sea,
Que alimenten la invidia en nuestra aldea
áspides más que en la región del llanto.
Entre opulencias y necesidades 930
Medianías vinculen competentes
A vuestros descendientes,
Previniendo ambos daños las edades;
Ilustren obeliscos las ciudades,
A los rayos de Júpiter expuesta, 935
Aún más que a los de Febo, su corona,
Cuando a la choza pastoral perdona
El cielo, fulminando la floresta.
Cisnes pues una y otra pluma, en esta
Tranquilidad os halle labradora 940
La postrimera hora,
Cuya lámina cifre desengaños,
Que en letras pocas lean muchos años.»
Del himno culto dio el último acento
Fin mudo al baile, al tiempo que seguida 945
La novia sale de villanas ciento
A la verde florida palizada,
Cual nueva Fénix en flamantes plumas,
Matutinos del Sol rayos vestida,
De cuanta surca el aire acompañada 950
Monarquía canora;

Y, vadeando nubes, las espumas
Del Rey corona de los otros ríos,
En cuya orilla el viento hereda ahora
Pequeños no vacíos					955
De funerales bárbaros trofeos
Que el Egipto erigió a sus Ptolomeos.
Los árboles que el bosque habian fingido,
Umbroso coliseo ya formando,
Despejan el ejido,					960
Olímpica palestra
De valientes desnudos labradores.
Llegó la desposada apenas, cuando
Feroz ardiente muestra
Hicieron dos robustos luchadores			965
De sus músculos, menos defendidos
Del blanco lino que del vello oscuro.
Abrazáronse pues los dos, y luego,
Humo anhelando el que no suda fuego,
De recíprocos nudos impedidos,			970
Cual duros olmos de implicantes vides,
Yedra el uno es tenaz del otro muro;
Mañosos, al fin, hijos de la tierra,
Cuando fuertes no Alcides,
Procuran derribarse, y derribados,			975
Cual pinos se levantan arraigados
En los profundos senos de la sierra.
Premio los honra igual, y de otros cuatro
Ciñe las sienes gloriosa rama,
Con que se puso término a la lucha.		980
Las dos partes rayaba del teatro
El Sol, cuando arrogante joven llama
Al expedido salto

La bárbara corona que le escucha.
Arras del animoso desafío 985
Un pardo gabán fue en el verde suelo,
A quien se abaten ocho o diez soberbios
Montañeses, cual suele de lo alto
Calarse turba de invidiosas aves
A los ojos de Ascálafo, vestido 990
De perezosas plumas. Quién, de graves
Piedras las duras manos impedido,
Su agilidad pondera; quién sus nervios
Desata estremeciéndose gallardo.
Besó la raya pues el pie desnudo 995
Del suelto mozo, y con airoso vuelo
Pisó del viento lo que del ejido
Tres veces ocupar pudiera un dardo.
La admiración, vestida un mármol frío,
Apenas arquear las cejas pudo; 1000
La emulación, calzada un duro hielo,
Torpe se arraiga. Bien que impulso noble
De gloria, aunque villano, solicita
A un vaquero de aquellos montes, grueso,
Membrudo, fuerte roble, 1005
Que, ágil a pesar de lo robusto,
Al aire se arrebata, violentando
Lo grave tanto, que lo precipita,
Ícaro montañés, su mismo peso
De la menuda hierba el seno blando 1010
Piélago duro hecho a su ruina.
Si no tan corpulento, más adusto
Serrano le sucede,
Que iguala y aun excede
Al ayuno leopardo, 1015

Al corcillo travieso, al muflón sardo
Que de las rocas trepa a la marina,
Sin dejar ni aun pequeña
Del pie ligero bipartida seña.
Con más felicidad que el precedente,   1020
Pisó las huellas casi del primero
El adusto vaquero.
Pasos otro dio al aire, al suelo coces.
Y premiados graduadamente,
Advocaron a sí toda la gente,   1025
Cierzos del llano y austros de la sierra,
Mancebos tan veloces,
Que cuando Ceres más dora la tierra,
Y argenta el mar desde sus grutas hondas
Neptuno sin fatiga,   1030
Su vago pie de pluma
Surcar pudiera mieses, pisar ondas,
Sin inclinar espiga,
Sin violar espuma.
Dos veces eran diez, y dirigidos   1035
A dos olmos que quieren, abrazados,
Ser palios verdes, ser frondosas metas,
Salen cual de torcidos
Arcos, o nerviosos o acerados,
Con silbo igual, dos veces diez saetas.   1040
No el polvo desparece
El campo, que no pisan alas hierba;
Es el más torpe una herida cierva,
El más tardo la vista desvanece,
Y, siguiendo al más lento,   1045
Cojea el pensamiento.
El tercio casi de una milla era

La prolija carrera
Que los hercúleos troncos hace breves,
Pero las plantas leves 1050
De tres sueltos zagales
La distancia sincopan tan iguales,
Que la atención confunden judiciosa.
De la Peneida virgen desdeñosa,
Los dulces fugitivos miembros bellos 1055
En la corteza no abrazó reciente
Más firme Apolo, más estrechamente,
Que de una y otra meta gloriosa
Las duras basas abrazaron ellos
Con triplicado nudo. 1060
Árbitro Alcides en sus ramas, dudo
Que el caso decidiera,
Bien que su menor hoja un ojo fuera
Del lince más agudo.
En tanto pues que el palio neutro pende 1065
Y la carroza de la luz desciende
A templarse en las ondas, Himeneo,
Por templar en los brazos el deseo
Del galán novio, de la esposa bella,
Los rayos anticipa de la estrella, 1070
Cerúlea ahora, ya purpúrea guía
De los dudosos términos del día.
El juicio, al de todos indeciso,
Del concurso ligero,
El padrino con tres de limpio acero 1075
Cuchillos corvos absolvello quiso.
Solícita Junón, Amor no omiso,
Al son de otra zampoña, que conduce
Ninfas bellas y sátiros lascivos,

Los desposados a su casa vuelven,   1080
Que coronada luce
De estrellas fijas, de astros fugitivos,
Que en sonoroso humo se resuelven.
Llegó todo el lugar, y despedido,
Casta Venus, que el lecho ha prevenido 1085
De las plumas que baten más suaves
En su volante carro blancas aves,
Los novios entra en dura no estacada;
Que, siendo Amor una deidad alada,
Bien previno la hija de la espuma   1090
A batallas de amor campo de pluma.

Soledades. Soledad segunda

Éntrase el mar por un arroyo breve
Que a recibillo con sediento paso
De su roca natal se precipita,
Y mucha sal no solo en poco vaso,
Mas su ruina bebe,   5
Y su fin (cristalina mariposa,
No alada, sino undosa)
En el farol de Tetis solicita.
Muros desmantelando pues de arena,
Centauro ya espumoso el Océano,   10
Medio mar, medio ría,
Dos veces huella la campaña al día,
Escalar pretendiendo el monte en vano,
De quien es dulce vena
El tarde ya torrente   15
Arrepentido, y aun retrocediente.
Eral lozano así, novillo tierno,
De bien nacido cuerno
Mal lunada la frente,
Retrógrado cedió en desigual lucha   20
A duro toro, aun contra el viento armado;
No pues de otra manera
A la violencia mucha
Del Padre de las aguas, coronado
De blancas ovas y de espuma verde,   25
Resiste obedeciendo, y tierra pierde.
En la incierta ribera,
Guarnición desigual a tanto espejo,
Descubrió la Alba a nuestro peregrino

Con todo el villanaje ultramarino,   30
Que a la fiesta nupcial, de verde tejo
Toldado, ya capaz tradujo pino.
Los escollos el Sol rayaba, cuando
Con remos gemidores
Dos pobres se aparecen pescadores,   35
Nudos al mar de cáñamo fiando.
Ruiseñor en los bosques no más blando
El verde robre, que es barquillo ahora,
Saludar vio la Aurora,
Que al uno en dulces quejas, y no pocas,   40
Ondas endurecer, liquidar rocas.
Señas mudas la dulce voz doliente
Permitió solamente
A la turba, que dar quisiera voces
A la que de un ancón segunda haya,   45
Cristal pisando azul con pies veloces,
Salió improvisa, de una y otra playa
Vínculo desatado, instable puente.
La prora diligente
No solo dirigió a la opuesta orilla,   50
Mas redujo la música barquilla,
Que en dos cuernos del mar caló no breves
Sus plomos graves y sus corchos leves.
Los senos ocupó del mayor leño
La marítima tropa,   55
Usando al entrar todos
Cuantos les enseñó corteses modos
En la lengua del agua ruda escuela,
Con nuestro forastero, que la popa
Del canoro escogió bajel pequeño.   60
Aquél, las ondas escarchando, vuela;

éste, con perezoso movimiento,
El mar encuentra, cuya espuma cana
Su parda aguda prora
Resplandeciente cuello 65
Hace de augusta Coya peruana,
A quien hilos el Sur tributó ciento
De perlas cada hora.
Lágrimas no enjugó más de la Aurora
Sobre víolas negras la mañana, 70
Que arrolló su espolón con pompa vana
Caduco aljófar, pero aljófar bello.
Dando el huésped licencia para ello,
Recurren no a las redes que, mayores,
Mucho Océano y pocas aguas prenden, 75
Sino a las que ambiciosas menos penden,
Laberinto nudoso, de marino
Dédalo, si de leño no, de lino
Fábrica escrupulosa, y aunque incierta,
Siempre murada, pero siempre abierta. 80
Liberalmente de los pescadores
Al deseo el estero corresponde,
Sin valelle al lascivo ostión el justo
Arnés de hueso, donde
Lisonja breve al gusto, 85
Mas incentiva, esconde;
Contagio original quizá de aquella
Que, siempre hija bella
De los cristales, una
Venera fue su cuna. 90
Mallas visten de cáñamo al lenguado,
Mientras, en su piel lúbrica fiado
El congrio, que viscosamente liso

Las telas burlar quiso,
Tejido en ellas se quedó burlado. 95
Las redes califica menos gruesas,
Sin romper hilo alguno,
Pompa el salmón de las reales mesas,
Cuando no de los campos de Neptuno,
Y el travieso robalo, 100
Guloso de los cónsules regalo.
Éstos y muchos más, unos desnudos,
Otros de escamas fáciles armados,
Dio la ría pescados,
Que, nadando en un piélago de nudos, 105
No agravan poco al negligente robre,
Espaciosamente dirigido
Al bienaventurado albergue pobre,
Que de carrizos frágiles tejido,
Si fabricado no de gruesas cañas, 110
Bóvedas lo coronan de espadañas.
El peregrino pues, haciendo en tanto
Instrumento el bajel, cuerdas los remos,
Al Céfiro encomienda los extremos
Deste métrico llanto: 115
«Si de aire articulado
No son dolientes lágrimas suaves
Estas mis quejas graves,
Voces de sangre, y sangre son del alma.
Fíelas de tu calma, 120
Oh mar, quien otra vez las ha fiado
De tu fortuna aún más que de su hado.
»¡Oh mar, oh tú, supremo
Moderador piadoso de mis daños!
Tuyos serán mis años, 125

En tabla redimidos poco fuerte
De la bebida muerte,
Que ser quiso, en aquel peligro extremo,
Ella el forzado y su guadaña el remo.
»Regiones pise ajenas,   130
O clima propio, planta mía perdida,
Tuya será mi vida,
Si vida me ha dejado que sea tuya
Quien me fuerza a que huya
De su prisión, dejando mis cadenas   135
Rastro en tus ondas más que en tus arenas.
»Audaz mi pensamiento
El Cenit escaló, plumas vestido,
Cuyo vuelo atrevido,
Si no ha dado su nombre a tus espumas, 140
De sus vestidas plumas
Conservarán el desvanecimiento
Los anales diáfanos del viento.
»Esta pues culpa mía
El timón alternar menos seguro   145
Y el báculo más duro
Un lustro ha hecho a mi dudosa mano,
Solicitando en vano
Las alas sepultar de mi osadía
Donde el Sol nace o donde muere el día. 150
»Muera, enemiga amada,
Muera mi culpa, y tu desdén le guarde,
Arrepentido tarde,
Suspiro que mi muerte haga leda,
Cuando no le suceda,   155
O por breve, o por tibia, o por cansada,
Lágrima antes enjuta que llorada.

»Naufragio ya segundo,
O filos pongan de homicida hierro
Fin duro a mi destierro;   160
Tan generosa fe, no fácil onda,
No poca tierra esconda:
Urna suya el Océano profundo,
Y obeliscos los montes sean del mundo.
»Túmulo tanto debe   165
Agradecido Amor a mi pie errante;
Líquido pues diamante
Calle mis huesos, y elevada cima
Selle sí, mas no oprima
Esta que le fiaré ceniza breve,   170
Si hay ondas mudas y si hay tierra leve.»
No es sordo el mar (la erudición engaña),
Bien que tal vez, sañudo,
No oya al piloto, o le responda fiero;
Sereno, disimula más orejas   175
Que sembró dulces quejas,
Canoro labrador, el forastero
En su undosa campaña.
Espongioso pues se bebió y mudo
El lagrimoso reconocimiento,   180
De cuyos dulces números no poca
Concentuosa suma
En los dos giros de invisible pluma
Que fingen sus dos alas, hurtó el viento;
Eco, vestida una cavada roca,   185
Solicitó curiosa y guardó avara
La más dulce, si no la menos clara
Sílaba, siendo en tanto
La vista de las chozas fin del canto.

Yace en el mar, si no continuada   190
Isla mal de la tierra dividida,
Cuya forma tortuga es perezosa;
Díganlo cuantos siglos ha que nada
Sin besar de la playa espaciosa
La arena de las ondas repetida.   195
A pesar pues del agua que la oculta,
Concha, si mucha no, capaz ostenta
De albergues, donde la humildad contenta
Mora, y Pomona se venera culta.
Dos son las chozas, pobre su artificio,   200
Más aún que caduca su materia:
De los mancebos dos, la mayor, cuna;
De las redes la otra y su ejercicio
Competente oficina.
Lo que agradable más se determina   205
Del breve islote ocupa su fortuna,
Los extremos de fausto y de miseria
Moderando. En la plancha los recibe
El padre de los dos, émulo cano
Del sagrado Nereo, no ya tanto   210
Porque a la par de los escollos vive,
Porque en el mar preside comarcano
Al ejercicio piscatorio, cuanto
Por seis hijas, por seis deidades bellas,
Del cielo espumas y del mar estrellas.   215
Acogió al huésped con urbano estilo,
Y a su voz, que los juncos obedecen,
Tres hijas suyas cándidas le ofrecen,
Que engaños construyendo están de hilo.
El huerto le da esotras, a quien debe,   220
Si púrpura la rosa, el lilio nieve.

De jardín culto así en fingida gruta
Salteó al labrador pluvia improvisa
De cristales inciertos, a la seña,
O a la que torció llave el fontanero;   225
Urna de Acuario la imitada peña,
Le embiste incauto; y si con pie grosero
Para la fuga apela, nubes pisa,
Burlándolo aun la parte más enjuta.
La vista saltearon poco menos   230
Del huésped admirado
Las no líquidas perlas, que al momento
A los corteses juncos (porque el viento
Nudos les halle un día, bien que ajenos)
El cáñamo remiten anudado,   235
Y de Vertumno al término labrado
El breve hierro, cuyo corvo diente
Las plantas le mordía cultamente.
Ponderador saluda afectuoso
Del esplendor que admira el extranjero 240
Al Sol, en seis luceros dividido;
Y, honestamente al fin correspondido
Del coro vergonzoso,
Al viejo sigue, que prudente ordena
Los términos confunda de la cena   245
La comida prolija de pescados,
Raros, muchos, y todos no comprados.
Impidiéndole el día al forastero,
Con dilaciones sordas, le divierte
Entre unos verdes carrizales, donde   250
Armonioso número se esconde
De blancos cisnes, de la misma suerte
Que gallinas domésticas al grano,

A la voz concurrientes del anciano.
En la más seca, en la más limpia anea   255
Vivificando están muchos sus huevos,
Y mientras dulce aquél su muerte anuncia
Entre la verde juncia,
Sus pollos éste al mar conduce nuevos,
De Espío y de Nesea   260
(Cuanto más escurecen las espumas)
Nevada invidia sus nevadas plumas.
Hermana de Faetón, verde el cabello,
Les ofrece el que, joven ya gallardo,
De flexuosas mimbres garbín pardo   265
Tosco le ha encordonado, pero bello.
Lo más liso trepó, lo más sublime
Venció su agilidad, y artificiosa
Tejió en sus ramas inconstantes nidos,
Donde celosa arrulla y ronca gime   270
La ave lasciva de la cipria diosa.
Mástiles coronó menos crecidos
Gavia no tan capaz; extraño todo,
El designio, la fábrica y el modo.
A pocos pasos le admiró no menos   275
Montecillo, las sienes laureado,
Traviesos despidiendo moradores
De sus confusos senos,
Conejuelos que (el viento consultado)
Salieron retozando a pisar flores;   280
El más tímido, al fin, más ignorante
Del plomo fulminante.
Cóncavo fresno, a quien gracioso indulto
De su caduco natural permite
Que a la encina vivaz robusto imite,   285

Y hueco exceda al alcornoque inculto,
Verde era pompa de un vallete oculto,
Cuando frondoso alcázar no de aquella
Que sin corona vuela y sin espada,
Susurrante amazona, Dido alada,   290
De ejército más casto, de más bella
República, ceñida en vez de muros
De cortezas; en esta pues Cartago
Reina la abeja, oro brillando vago,
O el jugo beba de los aires puros,   295
O el sudor de los cielos, cuando liba
De las mudas estrellas la saliva;
Burgo eran suyo el tronco informe, el breve
Corcho, y moradas pobres sus vacíos,
Del que más solicita los desvíos   300
De la isla, plebeyo enjambre leve.
Llegaron luego donde al mar se atreve,
Si promontorio no, un cerro elevado,
De cabras estrellado,
Iguales, aunque pocas,   305
A la que, imagen décima del cielo,
Flores su cuerno es, rayos su pelo.
«Éstas, dijo el isleño venerable,
Y aquéllas, que pendientes de las rocas,
Tres o cuatro desean para ciento   310
(Redil las ondas y pastor el viento),
Libres discurren, su nocivo diente
Paz hecha con las plantas inviolable.»
Estimando seguía el peregrino
Al venerable isleño,   315
De muchos pocos numeroso dueño,
Cuando los suyos enfrenó de un pino

El pie villano, que groseramente
Los cristales pisaba de una fuente.
Ella pues sierpe, y sierpe al fin pisada,　320
Aljófar vomitando fugitivo
En lugar de veneno,
Torcida esconde, ya que no enroscada,
Las flores que de un parto dio lascivo
Aura fecunda al matizado seno　325
Del huerto, en cuyos troncos se desata
De las escamas que vistió de plata.
Seis chopos, de seis yedras abrazados,
Tirsos eran del griego dios, nacido
Segunda vez, que en pámpanos desmiente330
Los cuernos de su frente;
Y cual mancebos tejen anudados
Festivos corros en alegre ejido,
Coronan ellos el encanecido
Suelo de lilios, que en fragantes copos　335
Nevó el Mayo, a pesar de los seis chopos.
Este sitio las bellas seis hermanas
Escogen, agraviando
En breve espacio mucha Primavera
Con las mesas, cortezas ya livianas　340
Del árbol que ofreció a la edad primera
Duro alimento, pero sueño blando.
Nieve hilada, y por sus manos bellas
Caseramente a telas reducida,
Manteles blancos fueron.　345
Sentados pues sin ceremonias, ellas
En torneado fresno la comida
Con silencio sirvieron.
Rompida el agua en las menudas piedras,

Cristalina sonante era tiorba, 350
Y las confusamente acordes aves,
Entre las verdes roscas de las yedras,
Muchas eran, y muchas veces nueve
Aladas musas, que de pluma leve
Engañada su culta lira corva, 355
Metros inciertos sí, pero suaves,
En idiomas cantan diferentes,
Mientras, cenando en pórfidos lucientes,
Lisonjean apenas
Al Júpiter marino tres sirenas. 360
Comieron pues, y rudamente dadas
Gracias el pescador a la divina
Próvida mano: «¡Oh bien vividos años!
¡Oh canas, dijo el huésped, no peinadas
Con boj dentado o con rayada espina, 365
Sino con verdaderos desengaños!
Pisad dichoso esta esmeralda bruta,
En mármol engastada siempre undoso,
Jubilando la red en los que os restan
Felices años, y la humedecida, 370
O poco rato enjuta,
Próxima arena de esa opuesta playa,
La remota Cambaya
Sea de hoy más a vuestro leño ocioso;
Y el mar que os la divide, cuanto cuestan 375
Océano importuno
A las Quinas, del viento aun veneradas,
Sus ardientes veneros,
Su esfera lapidosa de luceros.
Del pobre albergue a la barquilla pobre, 380
Geómetra prudente, el orbe mida

Vuestra planta, impedida,
Si de purpúreas conchas no istriadas,
De trágicas ruinas de alto robre,
Que, el tridente acusando de Neptuno,   385
Menos quizá dio astillas
Que ejemplos de dolor a estas orillas».
«Días ha muchos, oh mancebo —dijo
El pescador anciano—,
Que en el uno cedí y el otro hermano   390
El duro remo, el cáñamo prolijo;
Muchos ha dulces días
Que cisnes me recuerdan a la hora
Que, huyendo la Aurora
Las canas de Titón, halla las mías,   395
A pesar de mi edad, no en la alta cumbre
De aquel morro difícil (cuyas rocas
Tarde o nunca pisaron cabras pocas,
Y milano venció con pesadumbre),
Sino desotro escollo al mar pendiente,   400
De donde ese teatro de Fortuna
Descubro, ese voraz, ese profundo
Campo ya de sepulcros, que sediento,
Cuanto en vasos de abeto Nuevo Mundo,
Tributos digo américos, se bebe   405
En túmulos de espuma paga breve.
Bárbaro observador, mas diligente,
De las inciertas formas de la Luna,
A cada conjunción su pesquería,
Y a cada pesquería su instrumento,   410
Más o menos nudoso, atribuido,
Mis hijos dos en un batel despido,
Que, el mar cribando en redes no comunes,

Vieras intempestivos algún día
(Entre un vulgo nadante, digno apenas   415
De escama, cuanto más de nombre) atunes
Vomitar ondas y azotar arenas.
Tal vez desde los muros destas rocas
Cazar a Tetis veo,
Y pescar a Diana en dos barquillas;   420
Náuticas venatorias maravillas
De mis hijas oirás, ambiguo coro,
Menos de aljaba que de red armado,
De cuyo, si no alado,
Arpón vibrante, supo mal Proteo   425
En globos de agua redimir sus focas.
Torpe la más veloz, marino toro,
Torpe, mas toro al fin, que, el mar violado
De la púrpura viendo de sus venas,
Bufando mide el campo de las ondas   430
Con la animosa cuerda, que prolija
Al hierro sigue que en la foca huye,
O grutas ya la privilegien hondas,
O escollos desta isla divididos.
Láquesis nueva mi gallarda hija,   435
Si Cloto no de la escamada fiera,
Ya hila, ya devana su carrera,
Cuando desatinada pide, o cuando
Vencida restituye
Los términos de cáñamo pedidos.   440
Rindiose al fin la bestia, y las almenas
De las sublimes rocas salpicando,
Las peñas embistió, peña escamada,
En ríos de agua y sangre desatada.
Éfire luego, la que en el torcido   445

Luciente nácar te sirvió no poca
Risueña parte de la dulce fuente
(De Filódoces émula valiente,
Cuya asta breve desangró la foca),
El cabello en estambre azul cogido, 450
Celoso alcaide de sus trenzas de oro,
En segundo bajel se engolfó sola.
¡Cuántas voces le di! ¡Cuántas (en vano)
Tiernas derramé lágrimas, temiendo,
No al fiero tiburón, verdugo horrendo 455
Del náufrago ambicioso mercadante,
Ni al otro cuyo nombre
Espada es tantas veces esgrimida
Contra mis redes ya, contra mi vida,
Sino algún siempre verde, siempre cano 460
Sátiro de las aguas, petulante
Violador del virginal decoro,
Marino dios que, el vulto feroz hombre,
Corvo es delfín la cola!
Sorda a mis voces pues, ciega a mi llanto, 465
Abrazado, si bien de fácil cuerda,
Un plomo fió grave a un corcho leve,
Que algunas veces despedido cuanto
(Penda o nade) la vista no le pierda,
El golpe solicita, el bulto mueve 470
Prodigiosos moradores ciento
Del líquido elemento.
Láminas uno de viscoso acero,
Rebelde aun al diamante, el duro lomo
Hasta el luciente bipartido extremo 475
De la cola vestido,
Solicitado sale del ruido,

Y, al cebarse en el cómplice ligero
Del suspendido plomo,
Éfire, en cuya mano al flaco remo   480
Un fuerte dardo había sucedido,
De la mano a las ondas gemir hizo
El aire con el fresno arrojadizo;
De las ondas al pez, con vuelo mudo,
Deidad dirigió amante el hierro agudo;   485
Entre una y otra lámina, salida
La sangre halló por do la muerte entrada.
Onda pues sobre onda levantada,
Montes de espuma concitó herida
La fiera, horror del agua, cometiendo   490
Ya a la violencia, ya a la fuga el modo
De sacudir el asta,
Que, alterando el abismo o discurriendo
El océano todo,
No perdona el acero que la engasta.   495
Éfire en tanto al cáñamo torcido
El cabo rompió, y bien que al ciervo herido
El can sobra, siguiéndole la flecha.
Volvíase, mas no muy satisfecha,
Cuando cerca de aquel peinado escollo   500
Hervir las olas vio templadamente,
Bien que haciendo círculos perfectos;
Escogió pues, de cuatro o cinco abetos,
El de cuchilla más resplandeciente,
Que atravesado remolcó un gran sollo.   505
Desembarcó triunfando,
Y aun el siguiente Sol no vimos, cuando
En la ribera vimos convecina
Dado al través el monstro, donde apenas

Su género noticia, pías arenas 510
En tanta playa halló tanta ruina.»
Aura en esto marina
El discurso y el día juntamente
(Trémula, si veloz) les arrebata,
Alas batiendo líquidas, y en ellas 515
Dulcísimas querellas
De pescadores dos, de dos amantes
En redes ambos y en edad iguales.
Dividiendo cristales,
En la mitad de un óvalo de plata, 520
Venía al tiempo el nieto de la espuma
Que los mancebos daban alternantes
Al viento quejas. Órganos de pluma,
Aves digo de Leda,
Tales no oyó el Caístro en su arboleda, 525
Tales no vio el Meandro en su corriente.
Inficionando pues suavemente
Las ondas el Amor, sus flechas remos,
Hasta donde se besan los extremos
De la isla y del agua no los deja. 530
Lícidas, gloria en tanto
De la playa, Micón de sus arenas,
Invidia de sirenas,
Convocación su canto
De músicos delfines, aunque mudos, 535
En número no rudos
El primero se queja
De la culta Leucipe,
Décimo esplendor bello de Aganipe,
De Cloris el segundo, 540
Escollo de cristal, meta del mundo.

Lícidas	«¿A qué piensas, barquilla,	
	Pobre ya cuna de mi edad primera,	
	Que cisne te conduzgo a esta ribera?	
	A cantar dulce, y a morirme luego;	545
	Si te perdona el fuego	
	Que mis huesos vinculan, en su orilla	
	Tumba te bese el mar, vuelta la quilla.»	
Micón	«Cansado leño mío,	
	Hijo del bosque y padre de mi vida,	550
	De tus remos ahora conducida	
	A desatarse en lágrimas cantando,	
	El doliente, si blando,	
	Curso del llanto métrico te fío,	
	Nadante urna de canoro río.»	555
Lícidas	«Las rugosas veneras,	
	Fecundas no de aljófar blanco el seno,	
	Ni del que enciende el mar tirio veneno,	
	Entre crespos buscaba caracoles,	
	Cuando de tus dos soles	560
	Fulminado ya, señas no ligeras	
	De mis cenizas dieron tus riberas.»	
Micón	«Sabía apenas	
	El menor leño de la mayor urca	
	Que velera un Neptuno y otro surca,	565
	Y tus prisiones ya arrastraba graves;	
	Si dudas lo que sabes,	
	Lee cuanto han impreso en tus arenas,	
	A pesar de los vientos, mis cadenas.»	

Lícidas	«Las que el cielo mercedes	570

Lícidas   «Las que el cielo mercedes   570
          Hizo a mi forma, ¡oh dulce mi enemiga!,
          Lisonja no, serenidad lo diga
          De limpia cosultada ya laguna,
          Y los de mi fortuna
          Privilegios, el mar, a quien di redes   575
          Más que a la selva lazos Ganimedes.»

Micón   «No ondas, no luciente
          Cristal, agua al fin dulcemente dura,
          Invidia califique mi figura
          De musculosos jóvenes desnudos.   580
          Menos dio al bosque nudos
          Que yo al mar, el que a un dios hizo valiente
          Mentir cerdas, celoso espumar diente.»

Lícidas   «Cuantos pedernal duro
          Bruñe nácares boto, agudo raya   585
          En la oficina undosa desta playa,
          Tantos Palemo a su Licote bella
          Suspende, y tantos ella
          Al flaco da, que me construyen muro,
          Junco frágil, carrizo mal seguro.»   590

Micón   «Las siempre desiguales
          Blancas primero ramas, después rojas,
          Del árbol que nadante ignoró hojas,
          Trompa Tritón del agua a la alta gruta
          De Nísida tributa,   595
          Ninfa por quien lucientes son corales
          Los rudos troncos hoy de mis umbrales.»

Lícidas	«Esta en plantas no escrita,	
	En piedras sí, firmeza honre Himeneo,	
	Calzándole talares mi deseo,	600
	Que el tiempo vuela. Goza pues ahora	
	Los lilios de tu aurora,	
	Que al tramontar del Sol mal solicita	
	Abeja aun negligente flor marchita.»	
Micón	«Si fe tanta no en vano	605
	Desafía las rocas donde impresa	
	Con labio alterno mucho mar la besa,	
	Nupcial la califique tea luciente.	
	Mira que la edad miente,	
	Mira que del almendro más lozano	610
	Parca es interior breve gusano.»	
	Invidia convocaba, si no celo,	
	Al balcón de zafiro	
	Las claras, aunque etíopes, estrellas	
	Y las Osas dos bellas,	615
	Sediento siempre tiro	
	Del carro, perezoso honor del cielo;	
	Mas, ¡ay!, que del ruido	
	De la sonante esfera	
	A la una luciente y otra fiera	620
	El piscatorio cántico impedido,	
	Con las prendas bajaran de Cefeo	
	A las vedadas ondas,	
	Si Tetis no, desde sus grutas hondas,	
	Enfrenara el deseo.	625
	¡Oh, cuánta al peregrino el amebeo	
	Alterno canto dulce fue lisonja!	

¿Qué mucho, si avarienta ha sido esponja
Del néctar numeroso
El escollo más duro? 630
¿Qué mucho, si el candor bebió ya puro
De la virginal copia, en la armonía,
El veneno del ciego ingenioso
Que dictaba los números que oía?
Generosos afectos de una pía 635
Doliente afinidad, bien que amorosa
Por bella más, por más divina parte,
Solicitan su pecho a que, sin arte
De colores prolijos,
En oración impetre oficiosa 640
Del venerable isleño
Que admita yernos los que el trato hijos
Litoral hizo, aún antes
Que el convecino ardor dulces amantes.
Concediolo risueño, 645
Del forastero agradecidamente
Y de sus propios hijos abrazado.
Mercurio destas nuevas diligente,
Coronados traslada de favores
De sus barcas Amor los pescadores 650
Al flaco pie del suegro deseado.
¡Oh, del ave de Júpiter vendado
Pollo, si alado no lince sin vista,
Político rapaz, cuya prudente
Disposición especuló Estadista 655
Clarísimo ninguno
De los que el Reino muran de Neptuno!
¡Cuán dulces te adjudicas ocasiones
Para favorecer, no a dos supremos

De los volubles polos ciudadanos,　　　660
Sino a dos entre cáñamo garzones!
¿Por qué? Por escultores quizá vanos
De tantos de tu madre bultos canos
Cuantas al mar espumas dan sus remos.
Al peregrino por tu causa vemos　　　665
Alcázares dejar, donde, excedida
De la sublimidad la vista, apela
Para su hermosura,
En que la arquitectura
A la geometría se rebela,　　　　　　670
Jaspes calzada y pórfidos vestida.
Pobre choza, de redes impedida,
Entra ahora, ¡y lo dejas!
Vuela, rapaz, y (plumas dando a quejas)
Los dos reduce al uno y otro leño,　　675
Mientras perdona tu rigor al sueño.
Las horas ya, de números vestidas,
Al bayo, cuando no esplendor overo
Del luminoso tiro, las pendientes
Ponían de crisólitos lucientes,　　　680
Coyundas impedidas,
Mientras de su barraca el extranjero
Dulcemente salía despedido
A la barquilla, donde le esperaban
A un remo cada joven ofrecido.　　　685
Dejaron pues las azotadas rocas,
Que mal las ondas lavan
Del livor aún purpúreo de las focas,
Y de la firme tierra el heno blando
Con las palas segando,　　　　　　690
En la cumbre modesta

De una desigualdad del horizonte,
Que deja de ser monte
Por ser culta floresta,
Antiguo descubrieron blanco muro, 695
Por sus piedras no menos
Que por su edad majestuosa cano;
Mármol, al fin, tan por lo pario puro,
Que al peregrino sus ocultos senos
Negar pudiera en vano. 700
Cuantas del océano
El Sol trenzas desata
Contaba en los rayados capiteles,
Que, espejos, aunque esféricos, fieles,
Bruñidos eran óvalos de plata. 705
La admiración que al arte se le debe,
áncora del batel fue, perdonando
Poco a lo fuerte, y a lo bello nada
Del edificio, cuando
Ronca los salteó trompa sonante, 710
Al principio distante,
Vecina luego, pero siempre incierta.
Llave de la alta puerta
El duro son, vencido el foso breve,
Levadiza ofreció puente no leve, 715
Tropa inquieta contra el aire armada,
Lisonja, si confusa, regulada
Su orden de la vista, y del oído
Su agradable ruido.
Verde, no mudo coro 720
De cazadores era,
Cuyo número indigna la ribera.
Al Sol levantó apenas la ancha frente

El veloz hijo ardiente
Del céfiro lascivo, 725
Cuya fecunda madre al genitivo
Soplo vistiendo miembros, Guadalete
Florida ambrosía al viento dio jinete,
Que a mucho humo abriendo
La fogosa nariz, en un sonoro 730
Relincho y otro saludó sus rayos.
Los overos, si no esplendores bayos,
Que conducen el día,
Le responden, la eclíptica ascendiendo.
Entre el confuso pues celoso estruendo 735
De los caballos, ruda hace armonía
Cuanta la generosa cetrería,
Desde la Mauritania a la Noruega,
Insidia ceba alada,
Sin luz, no siempre ciega, 740
Sin libertad, no siempre aprisionada,
Que a ver el día vuelve
Las veces que, en fiado al viento dada,
Repite su prisión y al viento absuelve.
El neblí, que relámpago su pluma, 745
Rayo su garra, su ignorado nido
O lo esconde el Olimpo, o densa es nube
Que pisa, cuando sube
Tras la garza, argentada el pie de espuma;
El Sacre, las del Noto alas vestido, 750
Sangriento chipriota, aunque nacido
Con las palomas, Venus, de tu carro;
El gerifalte, escándalo bizarro
Del aire, honor robusto de Gelanda,
Si bien jayán de cuanto rapaz vuela, 755

Corvo acero su pie, flaca pihuela
De piel lo impide blanda;
El Baharí, a quien fue en España cuna
Del Pirineo la ceniza verde,
O la alta basa que el océano muerde 760
De la Egipcia coluna;
La delicia volante
De cuantos ciñen líbico turbante,
El Borní, cuya ala
En los campos tal vez de Meliona 765
Galán siguió valiente, fatigando
Tímida liebre, cuando
Intempestiva salteó leona
La melionesa gala,
Que de trágica escena 770
Mucho teatro hizo poca arena.
Tú, infestador en nuestra Europa nuevo
De las aves, nacido, Aleto, donde
Entre las conchas hoy del Sur esconde
Sus muchos años Febo, 775
¿debes por dicha cebo?
¿Templarte supo, di, bárbara mano
Al insultar los aires? Yo lo dudo,
Que al preciosamente Inca desnudo
Y al de plumas vestido Mexicano, 780
Fraude vulgar, no industria generosa,
Del águila les dio a la mariposa.
De un mancebo serrano
El duro brazo débil hace junco,
Examinando con el pico adunco 785
Sus pardas plumas, el Azor britano,
Tardo, mas generoso,

Terror de tu sobrino ingenioso,
Ya invidia tuya, Dédalo, ave ahora,
Cuyo pie tiria púrpura colora. 790
Grave de perezosas plumas globo,
Que a luz lo condenó incierta la ira
Del bello de la Estigia deidad robo,
Desde el guante hasta el hombro a un joven cela;
Esta emulación pues de cuanto vuela 795
Por dos topacios bellos con que mira,
Término torpe era
De pompa tan ligera.
Can de lanas prolijo (que animoso
Buzo será, bien de profunda ría, 800
Bien de serena playa,
Cuando la fulminada prisión caya
Del neblí, a cuyo vuelo
Tan vecino a su cielo
El cisne perdonara, luminoso) 805
Número y confusión gimiendo hacía
En la vistosa laja, para él grave,
Que aun de seda no hay vínculo suave.
En sangre claro y en persona augusto,
Si en miembros no robusto, 810
Príncipe les sucede, abreviada
En modestia civil real grandeza.
La espumosa del Betis ligereza
Bebió no solo, mas la desatada
Majestad en sus ondas, el luciente 815
Caballo, que colérico mordía
El oro que suave lo enfrenaba,
Arrogante, y no ya por las que daba

Estrellas su cerúlea piel al día,
Sino por lo que siente   820
De esclarecido, y aun de soberano,
En la rienda que besa la alta mano
De cetro digna. Lúbrica no tanto
Culebra se desliza tortuosa
Por el pendiente calvo escollo, cuanto   825
La escuadra descendía presurosa
Por el peinado cerro a la campaña,
Que al mar debe, con término prescripto,
Más sabandijas de cristal que a Egipto
Horrores deja el Nilo que lo baña.   830
Rebelde Ninfa, humilde ahora caña,
Las márgenes oculta
De una laguna breve,
A quien doral consulta
Aun el copo más leve   835
De su volante nieve.
Ocioso pues, o de su fin presago,
Los filos con el pico prevenía
De cuanto sus dos alas aquel día
Al viento esgrimirán cuchillo vago. 840
La turba aun no del apacible lago
Las orlas inquieta,
Que tímido perdona a sus cristales
El doral. Despedida no saeta
De nervios partos igualar presuma   845
Sus puntas desiguales,
Que en vano podrá pluma
Vestir un leño como viste un ala.
Puesto en tiempo, corona, si no escala,
Las nubes, desmintiendo   850

Su libertad el grillo torneado
Que en sonoro metal lo va siguiendo,
Un baharí templado,
A quien el mismo escollo
(A pesar de sus pinos eminente)   855
El primer vello le concedió pollo,
Que al Betis las primeras ondas fuente.
No solo, no, del pájaro pendiente
Las caladas registra el peregrino,
Mas del terreno cuenta cristalino   860
Los juncos más pequeños,
Verdes hilos de aljófares risueños.
Rápido al Español alado mira
Peinar el aire por cardar el vuelo,
Cuya vestida nieve anima un hielo   865
Que torpe a unos carrizos lo retira,
Infieles por raros,
Si firmes no por trémulos reparos.
Penetra pues sus inconstantes senos,
Estimándolos menos   870
Entredichos que el viento;
Mas a su daño el escuadrón atento
Expulso lo remite a quien en suma
Un grillo y otro enmudeció en su pluma.
Cobrado el baharí, en su propio luto   875
O el insulto acusaba precedente,
O entre la verde hierba
Avara escondia cuerva
Purpúreo caracol, émulo bruto
Del rubí más ardiente,   880
Cuando, solicitada del ruido,
El nácar a las flores fía torcido,

Y con siniestra voz convoca cuanta
Negra de cuervas suma
Infamó la verdura con su pluma, 885
Con su número el Sol. En sombra tanta
Alas desplegó Ascálafo prolijas,
Verde poso ocupando,
Que de césped ya blando,
Jaspe lo han hecho duro blancas guijas. 890
Más tardó en desplegar sus plumas graves
El deforme fiscal de Proserpina,
Que en desatarse, al polo ya vecina,
La disonante niebla de las aves;
Diez a diez se calaron, ciento a ciento, 895
Al oro intuitivo, invidiado
Deste género alado,
Si como ingrato no, como avariento,
Que a las estrellas hoy del firmamento
Se atreviera su vuelo, 900
En cuanto ojos del cielo.
Poca palestra la región vacía
De tanta invidia era,
Mientras, desenlazado la cimera,
Restituyen el día 905
A un gerifalte, boreal Arpía
Que, despreciando la mentida nube,
A luz más cierta sube,
Cenit ya de la turba fugitiva.
Auxiliar taladra el aire luego 910
Un duro sacre, en globos no de fuego,
En oblicuos sí engaños
Mintiendo remisión a las que huyen,
Si la distancia es mucha

(Griego al fin). Una en tanto, que de arriba 915
Descendió fulminada en poco humo,
Apenas el latón segundo escucha,
Que del inferior peligro al sumo
Apela, entre los trópicos grifaños
Que su eclíptica incluyen, 920
Repitiendo confusa
Lo que tímida excusa.
Breve esfera de viento,
Negra circunvestida piel, al duro
Alterno impulso de valientes palas, 925
La avecilla parece,
En el de muros líquidos que ofrece
Corredor el diáfano elemento
Al gémino rigor, en cuyas alas
Su vista libra toda el extranjero. 930
Tirano el sacre de lo menos puro
Desta primer región, sañudo espera
La desplumada ya, la breve esfera,
Que, a un bote corvo del fatal acero,
Dejó al viento, si no restituido, 935
Heredado en el último graznido.
Destos pendientes agradables casos
Vencida se apeó la vista apenas,
Que del batel, cosido con la playa,
Cuantos da la cansada turba pasos, 940
Tantos en las arenas
El remo perezosamente raya,
A la solicitud de una atalaya
Atento, a quien doctrina ya cetrera
Llamó catarribera. 945
Ruda en esto política, agregados

Tan mal ofrece como construidos
Bucólicos albergues, si no flacas
Piscatorias barracas,
Que pacen campos, que penetran senos,   950
De las ondas no menos
Aquéllos perdonados
Que de la tierra éstos admitidos.
Pollos, si de las propias no vestidos,
De las maternas plumas abrigados,   955
Vecinos eran destas alquerías,
Mientras ocupan a sus naturales
Glauco en las aguas, y en las hierbas Pales.
¡Oh cuántas cometer piraterías
Un corsario intentó y otro volante,   960
Uno y otro rapaz, digo, milano,
Bien que todas en vano,
Contra la infantería, que piante
En su madre se esconde, donde halla
Voz que es trompeta, pluma que es muralla. 965
A media rienda en tanto el anhelante
Caballo, que el ardiente sudor niega
En cuantas le densó nieblas su aliento,
A los indignos de ser muros llega
Céspedes, de las ovas mal atados.   970
Aunque ociosos, no menos fatigados,
Quejándose venían sobre el guante
Los raudos torbellinos de Noruega.
Con sordo luego estrépito despliega
(Injuria de la luz, horror del viento)   975
Sus alas el testigo que en prolija
Desconfianza a la sicana diosa

Dejó sin dulce hija,
Y a la estigia Deidad con bella esposa.

1613

A don Pedro de Cárdenas, en un encierro de toros

Salí, señor don Pedro, esta mañana
A ver un toro que en un Nacimiento
Con mi mula estuviera más contento
Que alborotando a Córdoba la llana.
Romper la tierra he visto en su abesana
Mis prójimos con paso menos lento,
Que él se entró en la ciudad tan sin aliento,
Y aún más, que me dejó en la barbacana.
No desherréis vuestro Zagal, que un clavo
No ha de valer la causa, si no miente
Quien de la cuerda apela para el rabo.
Perdonadme el hablar tan cortésmente
De quien, ya que no alcalde por lo Bravo,
Podrá ser, por lo Manso, presidente.

1614

A la bajada de muchos caballeros de Madrid a socorrer
   la fuerza de la Mamora, cercada de moros

    —¡A la Mamora, militares cruces!
    ¡Galanes de la Corte, a la Mamora!
    Sed capitanes en latín ahora
    Los que en romance ha tanto que sois duces.
    ¡Arma, arma, ensilla, carga! —¿Qué?
    ¿Arcabuces?
    —No, gofo, sino aquesa cantimplora.
    Las plumas riza, las espuelas dora.
    —¿Ármase España ya contra avestruces?
    —Pica, Bufón. ¡Oh tú, mi dulce dueño!
    Partiendo me quedé, y quedando paso
    A acumularte en Africa despojos.
    —¡Oh tú, cualquier que la agua pisas leño!
    ¡Escuche la vitoria yo, o el fracaso
    A la lengua del agua de mis ojos!

1614

A la purísima concepción de nuestra señora

Verso ajeno Virgen pura, si el Sol, Luna y estrellas.
Glosa   Si ociosa no, asistió Naturaleza
             Incapaz a la tuya, oh gran Señora,
             Concepción limpia, donde ciega ignora
             Lo que muda admiró de tu pureza.
             Díganlo, oh Virgen, la mayor belleza
             Del día, cuya luz tu manto dora,
             La que calzas nocturna brilladora,
             Los que ciñen carbunclos tu cabeza.
             Pura la Iglesia ya, pura te llama
             La Escuela, y todo pío afecto sabio
             Cultas en tu favor da plumas bellas.
             ¿Qué mucho, pues, si aun hoy sellado el labio,
             Si la naturaleza aun hoy te aclama
             Virgen pura, si el Sol, Luna y estrellas?

1614

Inscripción para el sepulcro de Domínico Greco

Esta en forma elegante, oh peregrino,
De pórfido luciente dura llave
El pincel niega al mundo más suave,
Que dio espíritu a leño, vida a lino.
Su nombre, aun de mayor aliento dino
Que en los clarines de la Fama cabe,
El campo ilustra de ese mármol grave.
Venérale, y prosigue tu camino.
Yace el Griego. Heredó Naturaleza
Arte, y el Arte, estudio; Iris, colores;
Febo, luces —si no sombras, Morfeo.—
Tanta urna, a pesar de su dureza,
Lágrimas beba y cuantos suda olores
Corteza funeral de árbol sabeo.

1614

Llegué, señora tía, a la Mamora

Llegué, señora tía, a la Mamora,
Donde entre nieblas vi la otra mañana,
Desde el seguro de una partesana,
Confusa multitud de gente mora.
Pluma acudiendo va tremoladora
Andaluza, extremeña y castellana,
Pidiendo, si vitela no mongana,
Cualque fresco rumor de cantimplora.
Allanó alguno la enemiga tierra
Echándose a dormir; otro soldado,
Gastador vigilante, con su pico
Biscocho labra. Al fin, en esta guerra
No vi más fuerte, sino el levantado.
De la Mamora. Hoy miércoles. Juanico.

1614

Para el principio de la historia del señor rey don Felipe
    II, de Luis de Cabrera

    Vive en este volumen el que yace
    En aquel mármol, Rey siempre glorioso;
    Sus cenizas allí tienen reposo,
    Y dellas hoy él mismo aquí renace.
    Con vuestra pluma vuela, y ella os hace,
    Culto Cabrera, en nuestra edad famoso;
    Con las suyas le hacéis victorioso
    Del Francés, Belga, Lusitano, Trace.
    Plumas de un Fénix tal, y en vuestra mano,
    ¿Qué tiempo podrá haber que las consuma,
    Y qué invidia ofenderos, sino en vano?
    Escriba lo que vieron, tan gran pluma,
    De los dos mundos, uno y otro plano,
    De los dos mares, una y otra espuma.

1614

Para lo mismo

Segundas plumas son, oh lector, cuantas
Letras contiene este volumen grave;
Plumas siempre gloriosas, no del ave
Cuyo túmulo son aromas tantas:
De aquel sí, cuyas hoy cenizas santas
Breve pórfido sella en paz suave;
Que en poco mármol mucho Fénix cabe,
Si altamente negado a nuestras plantas.
De sus hazañas, pues, hoy renacido,
Debe a Cabrera el Fénix, debe el mundo
Cuantas segundas bate plumas bellas.
A Cabrera español Livio segundo
Eternizado, cuando no ceñido
De iguales hojas que Filipo estrellas.

1614

A don Diego Páez de Castillejo y Valenzuela,
  veinticuatro de Córdoba

   No entre las flores, no, señor don Diego,
De vuestros años, áspid duerma breve
El ocio, salamandria más de nieve
Que el vigilante estudio lo es de fuego:
De cuantas os clavó flechas el ciego,
A la que dulce más la sangre os bebe
Hurtadle un rato alguna pluma leve,
Que el aire vago solicite luego.
Quejáos, señor, o celebrad con ella
Del desdén, el favor de vuestra dama,
Sirena dulce si no esfinge bella.
Escribid, que a más gloria Apolo os llama:
Del cielo la haréis tercero estrella,
Y vuestra pluma vuelo de la Fama.

1615

A don fray Diego de Mardones, obispo de Córdoba,
dedicándole el maestro Risco un libro de música

Un culto Risco en venas hoy suaves
Concetuosamente se desata,
Cuyo néctar, no ya líquida plata,
Hace canoras aun las piedras graves.
Tú, pues, que el pastoral cayado sabes
Con mano administrar al cielo grata,
De vestir, digno, manto de escarlata,
Y de heredar a Pedro en las dos llaves,
Éste, si numeroso dulce, escucha,
Torrente, que besar desea la playa
De tus ondas, oh mar, siempre serenas.
Si armonioso leño silva mucha
Atraer pudo, vocal Risco atraya
Un Mar, dones hoy todo a sus arenas.

1615

A Juan de Villegas, alcalde mayor de Luque, por don
　　Egas Venegas, señor de aquella villa

　　En villa humilde sí, no en vida ociosa,
　　Vasallos riges con poder no injusto,
　　Vasallos de tu dueño, si no augusto,
　　De estirpe en nuestra España generosa.
　　Del bárbaro ruido a curiosa
　　Dulce lección te hurta tu buen gusto;
　　Tal del muro abrasado hombro robusto
　　De Anquises redimió la edad dichosa.
　　No invidies, oh Villegas, del privado
　　El palacio gentil, digo el convento,
　　Adonde hasta el portero es Presentado.
　　De la tranquilidad pisas contento
　　La arena enjuta, cuando en mar turbado
　　Ambicioso bajel da lino al viento.

1615

Alegoría de la primera de sus Soledades

Restituye a tu mundo horror divino,
Amiga Soledad, el pie sagrado,
Que cautiva lisonja es del poblado
En hierros breves pájaro ladino.
Prudente cónsul, de las selvas dino,
De impedimentos busca desatado
Tu Claustro verde, en valle profanado
De fiera menos que de peregrino.
¡Cuán dulcemente de la encina vieja
Tórtola viuda al mismo bosque incierto
Apacibles desvíos aconseja!
Endeche el siempre amado esposo muerto
Con voz doliente, que tan sorda oreja
Tiene la soledad como el desierto.

1615

A un caballero de Córdoba que estaba en Granada

　　Hojas de inciertos chopos el nevado
　　Cabello, oirá el Genil tu dulce avena,
　　Sin invidiar al Dauro en poca arena
　　Mucho oro de sus piedras mal limado;
　　Y del leño vocal solicitado,
　　Perdonará no el mármol a su vena
　　Ocioso, mas la siempre orilla amena
　　Canoro ceñirá muro animado.
　　Camina, pues, oh tú, Anfión segundo,
　　Si culto no, revocador suave
　　Aun de los moradores del profundo;
　　Que el Betis hoy, que en menos gruta cabe,
　　Urna suya los términos del mundo
　　Lagrimoso hará en tu ausencia grave.

1615

De los que censuraron su Polifemo

Pisó las calles de Madrid el fiero
Monóculo galán de Galatea,
Y cual suele tejer bárbara aldea
Soga de gozques contra forastero,
Rígido un bachiller, otro severo,
(Crítica turba al fin, si no pigmea)
Su diente afila y su veneno emplea
En el disforme cíclope cabrero.
A pesar del lucero de su frente,
Le hacen oscuro, y él en dos razones,
Que en dos truenos libró de su Occidente:
«Si quieren —respondió—, los pedantones
Luz nueva en hemisferio diferente,
Den su memorial a mis calzones.»

1615

En la muerte de tres hijas del duque de Feria

Entre las hojas cinco generosa,
Si verde pompa no de un campo de oro,
Prendas sin pluma a ruiseñor canoro
Degolló muda sierpe venenosa;
Al culto padre no con voz piadosa,
Mas con gemido alterno y dulce lloro,
Armoniosas lágrimas al coro
De las aves oyó la selva umbrosa.
Lloró el Tajo cristal, a cuya espuma
Dio poca sangre el mal logrado terno,
Terno de aladas cítaras suaves.
Que rayos hoy sus cuerdas, y su pluma
Brillante siempre luz de un Sol eterno,
Dulcemente dejaron de ser aves.

1615

A don Luis de Ulloa, que enamorado se ausentó de toro

　　　Generoso esplendor, sino luciente,
　　　No solo es ya de cuanto el Duero baña
　　　Toro, mas del Zodíaco de España,
　　　Y gloria vos de su murada frente.
　　　¿Quién, pues, región os hizo diferente
　　　Pisar amante? Mal la fuga engaña
　　　Mortal saeta, dura en la montaña,
　　　Y en las ondas más dura de la fuente:
　　　De venenosas plumas os lo diga
　　　Corcillo atravesado. Restituya
　　　Sus trofeos el pie a vuestra enemiga.
　　　Tímida fiera, bella ninfa huya:
　　　Espíritu gentil, no solo siga,
　　　Mas bese en el arpón la mano suya.

1616

De la capilla de Nuestra Señora del Sagrario, de la santa
iglesia de Toledo, entierro del cardenal Sandoval

    Esta que admiras fábrica, esta prima
Pompa de la esculptura, oh caminante,
En pórfidos rebeldes al diamante,
En metales mordidos de la lima,
Tierra sella, quen tierra nunca oprima;
Si ignoras cuya, el pie enfrena ignorante,
Y esa inscripción consulta, que elegante
Informa bronces, mármoles anima.
Generosa piedad urnas hoy bellas
Con majestad vincula, con decoro,
A las heroicas ya cenizas santas
De los que, a un campo de oro cinco estrellas
Dejando azules, con mejores plantas
En campo azul, estrellas pisan de oro.

1616

Al conde de Lemus, viniendo de ser virrey de Nápoles

    Florido en años, en prudencia cano,
Riberas del Sebeto, río que apenas
Oscurecen sus aguas sus arenas,
Gran freno moderó tu cuerda mano;
Donde mil veces escuchaste en vano
Entre los remos y entre las cadenas,
No ya ligado al árbol, las sirenas
Del lisonjero mar napolitano.
Quede en mármol tu nombre esclarecido,
Firme a las ondas, sordo a su armonía,
Blasón del tiempo, escollo del olvido,
Oh Águila de Castro, que algún día
Será para escribir tu excelso nido
Un cañón de tus alas pluma mía

1617

Al conde de Villamediana, de su Faetón

En vez de las Helíades, ahora
Coronan las Piérides el Pado,
Y tronco la más culta levantado,
Suda electro en los números que llora.
Plumas vestido ya las aguas mora
Apolo, en vez del pájaro nevado
Que a la fatal del Joven fulminado
Alta ruina, voz debe canora.
¿Quién, pues, verdes cortezas, blanca pluma
Les dio? ¿Quién de Faetón el ardimiento,
A cuantos dora el Sol, a cuantos baña
Términos del océano la espuma,
Dulce fía? Tú métrico instrumento,
Oh Mercurio del Júpiter de España.

1617

A fray Esteban Izquierdo, fraile Francisco, en
agradecimiento de una bota de agua de azahar y unas
pasas

La Aurora de azahares coronada,
Sus lágrimas partió con vuestra bota,
Ni de las peregrinaciones rota,
Ni de sus conductores esquilmada.
De sus risueños ojos desatada,
Fragrante perla cada breve gota,
Por seráfica abeja fue devota,
A bota peregrina trasladada.
Uvas os debe Clío, mas ceciales;
Mínimas en el hábito, mas pasas,
A pesar del perífrasis absurdo.
Las manos de Alejandro hacéis escasas,
Segunda la capilla del de Ales
Izquierdo Esteban, si no Esteban zurdo.

1619

A Júpiter

Tonante monseñor, ¿de cuándo acá
Fulminas jovenetos? Yo no sé
Cuánta pluma ensillaste para el que
Sirviéndote la copa aún hoy está.
El garzón frigio, a quien de bello da
Tanto la antigüedad, besara el pie
Al que mucho de España esplendor fue,
Y poca, mas fatal, ceniza es ya.
Ministro, no grifaño, duro sí,
Que en Líparis Estérope forjó
(Piedra digo bezahar de otro Pirú)
Las hojas infamó de un alhelí,
Y los Acroceraunios montes no.
¡Oh Júpiter, oh, tú, mil veces tú!

1619

A Nuestra Señora de Atocha, por la salud del rey don
        Felipe III

        En vez, Señora, del cristal luciente,
        Licores nabateos espirante,
        Los faroles, ya luces de Levante,
        Las banderas, ya sombras de Occidente.
        Las fuerzas litorales, que a la frente
        Eran de África gémino diamante,
        Tanto disimulado al fin turbante
        Con generosidad expulsó ardiente,
        Votos de España son, que hoy os consagra
        Sufragios de Filipo: a cuya vida
        Aun los siglos del Fénix sean segundos.
        Fiebre, pues, tantas veces repetida
        Perdone al que es católica bisagra,
        Para más gloria vuestra, de ambos mundos.

1619

En la jornada de Portugal

¿En año quieres que plural cometa
Infausto corta a las coronas luto,
Los vestigios pisar del Griego astuto?
Por cuerdo te juzgaba, aunque poeta.
Salga a otro con lanza y con trompeta
Mosquito antoniano resoluto,
Y aun a pesar del tiempo más enjuto,
Amor con botas, Venus con bayeta;
Fresco verano, clavos y canela,
Nieve mal de una Estrella dispensada,
Aposento en las gavias el más bajo;
El primer día folión y pela,
El segundo, en cualquier encrucijada,
Inundaciones del nocturno Tajo.

1619

En la misma ocasión

Esta de flores, cuando no divina,
Industriosa unión, que ciento a ciento
Las abejas, con rudo no argumento,
En ruda sí confunden oficina,
Cómplice Prometea en la rapina
Del voraz fue, del lúcido elemento,
A cuya luz suave es alimento
Cuya luz su recíproca es ruina.
Esta, pues, confusión hoy coronada
Del esplendor que contra sí fomenta,
Por la salud, oh Virgen Madre, erijo
Del mayor Rey, cuya invencible espada
En cuanto Febo dora o Cintia argenta
Trompa es siempre gloriosa de tu Hijo.

1619

De don Francisco de Padilla, castellano de Milán

    A este que admiramos en luciente,
Émulo del diamante, limpio acero,
Igual nos le dio España caballero
Que de la guerra Flandes rayo ardiente.
Laurel ceñido, pues, debidamente,
Las coyundas le fían del severo
Suave yugo, que al lombardo fiero
Le impidió sí, no le oprimió la frente.
¿Qué mucho si frustró su lanza arneses,
Si fulminó escuadrones ya su espada,
Si conculcó estandartes su caballo?
Del Cambresí lo digan los franceses:
Mas no lo digan, no, que en trompa alada
Musa aun no sabrá heroica celeballo.

1620

A un pintor flamenco, haciendo el retrato de donde se
    copió el que va al principio de este libro

>   Hurtas mi vulto y cuanto más le debe
>   A tu pincel, dos veces peregrino,
>   De espíritu vivaz el breve lino
>   En los colores que sediento bebe,
>   Vanas cenizas temo al lino breve,
>   Que émulo del barro le imagino,
>   A quien (ya etéreo fuese, ya divino)
>   Vida le fió muda esplendor leve.
>   Belga gentil, prosigue al hurto noble;
>   Que a su materia perdonará el fuego,
>   Y el tiempo ignorará su contextura.
>   Los siglos que en sus hojas cuenta un roble,
>   Árbol los cuenta sordo, tronco ciego;
>   Quien más ve, quien más oye, menos dura.

1620

Al doctor Narbona, pidéndole unos Albarcoques que
    había ofrecido enviarle desde Toledo

    Mis albarcoques sean de Toledo,
    Cultísimo Doctor; lo damasquino
    A un alfanje se quede sarracino,
    Que en albarcoques aun le tengo miedo.
    Vengan (aunque es la voz antigua) cedo,
    No a manos del señor don Bernardino,
    Que por negarle un cuesco al más vecino,
    Degollaré sin cadahalso un pedo.
    Si espiró el cigarral, barbo luciente
    Supla las frutas de que se corona,
    Cuando no anguila que sus tactos miente:
    De parte de don Luis se les perdona
    La calidad de entre una y otra puente,
    Como sean del golfo de Narbona.

1620

Al padre maestro Hortensio, de una audiencia del padre maestro fray Luis de AlIaga, confesor del rey don Felipe
III

    Al que de la consciencia es del Tercero
    Filipo digno oráculo prudente,
    De una y otra saeta impertinente
    Si mártir no le vi, le vi terrero.
    Tanto, pues, le ceñía ballestero,
    Cuanta le estaba coronando gente,
    Dejándole el concurso el despidiente
    Hecho pedazos, pero siempre entero.
    Hortensio mío, si esta llamo audiencia,
    ¿Cuál llamaré robusta montería,
    Donde cient flechas cosen un venado?
    Ponderé en nuestro dueño una paciencia,
    Que en la atención modesta fue alegría
    Y en la resolución sucinto agrado.

1620

De los mismos

Peinaba al Sol Belisa sus cabellos
Con peine de marfil, con mano bella;
Mas no se parecía el peine en ella
Como se escurecía el Sol en ellos.
En cuanto, pues, estuvo sin cogellos,
El cristal solo, cuyo margen huella,
Bebía de una y otra dulce estrella
En tinieblas de oro rayos bellos.
Fileno en tanto, no sin armonía,
Las horas acusando, así invocaba
La segunda deidad del tercer cielo:
«Ociosa, Amor, será la dicha mía,
Si lo que debo a plumas de tu aljaba
No lo fomentan plumas de tu vuelo.»

1620

En la muerte de un caballero mozo

Ave real de plumas tan desnuda,
Que aun de carne voló jamás vestida,
Cuya garra, no en miembros dividida,
Inexorable es guadaña aguda;
Lisonjera a los cielos o sañuda
Contra los elementos de una vida,
Florida en años, en beldad florida,
Cuál menos piedad árbitra lo duda,
No a deidad fabulosa hoy arrebata
Garzón, que en vez del venatorio acero
Cristal ministre impuro, si no alado
Espíritu que, en cítara de plata,
Al Júpiter dirige verdadero
Un dulce y otro cántico sagrado.

1620

De una dama que, quitándose una sortija, se picó con un alfiler

    Prisión del nácar era articulado
    De mi firmeza un émulo luciente,
    Un diamante, ingeniosamente
    En oro también él aprisionado.
    Clori, pues, que a su dedo apremiado
    De metal aun precioso no consiente,
    Gallarda un día, sobre impaciente,
    Lo redimió del vínculo dorado.
    Mas ay, que insidioso latón breve
    En los cristales de su bella mano
    Sacrílego divina sangre bebe:
    Púrpura ilustró menos indiano
    Marfil; invidiosa sobre nieve,
    Claveles deshojó la Aurora en vano.

1620

Del rey y reina nuestros señores en el Pardo, antes de reinar

Dulce arroyuelo de la nieve fría
Bajaba mudamente desatado,
Y del silencio que guardaba helado
En labios de claveles se reía.
Con sus floridos márgenes partía
Si no su amor Fileno, su cuidado;
No ha visto a su Belisa, y ha dorado
El Sol casi los términos del día.
Con lágrimas turbando la corriente,
El llanto en perlas coronó las flores,
Que ya bebieron en cristal la risa.
Llegó en esto Belisa,
La alba en los blancos lirios de su frente,
Y en sus divinos ojos los amores,
Que de un casto veneno
La esperanza alimentan de Fileno.

1620

En la fuerza de Almería

En la fuerza de Almería
Se disimulaba Hacén,
Abencerraje hurtado
A la indignación del Rey.
Entre el cuchillo y la cuna
Interpuso Bahamet
La parte del capellar,
Que le bastó a defender.
Negado, pues, al rigor,
Galán se criaba él,
Tan hijo y más del Alcaide,
Que Celidaja lo es;
Celidaja, que en sus años
Virgen era rosa, a quien
Del verde nudo la Aurora
Le desata el rosicler,
Beldad ociosa crecía
En sus jardines tal vez,
Al son de un laúd con ramas,
Que eran cuerdas de un laurel.
Coros alternando y zambras
Con sus moras, hasta que
Daba al céfiro su frente
Aljófares que beber;
De cuya dulce fatiga
Apelaba ella después
Al baño, que le templaban
Curiosidad y placer.
Un día en las que le dieron
Los jardines de un vergel

Estrellas fragantes, más
Que claras la noche ve,
Averiguando la halló
Los días de casi tres
Lustros de su tierna edad
Aquel niño Dios, aquel
Fénix desnudo, si es ave,
Pollo siempre sin deber
Segundas vidas al Sol,
Nieto del mar en la fe.
Por no alterar a la mora,
En un listado alquicel,
Manto del Abencerraje,
Desmintió su desnudez;
Fiando a un mirto sus armas,
Verde frondoso dosel
De un mármol que ni Lucrecia
Ni fuente deja de ser.
Pliega el dorado volumen
De sus alas el doncel,
Redimiendo ciegas luces
Que más vendadas más ven.
Del Abencerraje luego
Copia hecho tan fiel,
Que los dudara el concurso,
Equivocado juez;
La ocupación inquiriendo,
Donaire hace y desdén
De que solicite niña
Lo que excusara mujer.
«Ejerced, le dice, hermana,
Vuestra hermosura, y creed

Que tan vana es la de hoy
Como ingrata la de ayer.
Fugitivas son las dos;
Usad de esos dones bien,
Que en un cristal guardáis, frágil,
Lo caduco de un clavel.
Si os reguláis con las flores
Que visten esa pared,
Horas son breves; el día
Las ve morir que nacer.
Gozáos en sazón, que el tiempo
Tesorero ya infiel
De ese oro que peináis,
De ese marfil que escondéis,
Desengaños restituye;
Necia en el espejo fue
La memoria: mudad antes
Parecer que parecer».
Extrañando la doctrina
Del joven que hermano cree,
La vergüenza a Celidaja
Le purpureó la tez.
Ardiente veneno entonces
Hieles comenzó a lamer,
Y muda lima a labrar
Suave, más sorda red.
El ya fraternal engaño,
Mal bebido en su niñez,
Disolvía, cuando Amor,
Sintiendo el dichoso pie
Del que ya conduce amante
Cuanto cauteló el pincel

Desvanece, y en su forma
Pisando nubes se fue.

1620

Al condede Villamediana, celebrando el gusto que tuvo
      en diamantes, pinturas y caballos

            Las que a otros negó piedras Oriente,
            Émulas brutas del mayor lucero,
            Te las expone en plomo su venero,
            Si ya al metal no atadas más luciente.
            Cuanto en tu camarín pincel valiente,
            Bien sea natural, bien extranjero,
            Afecta mudo voces, y parlero
            Silencio en sus vocales tintas miente.
            Miembros apenas dio al soplo más puro
            Del viento su fecunda madre bella,
            Iris, pompa del Betis, sus colores;
            Que fuego él espirando, humo ella,
            Oro te muerden en su freno duro,
            Oh esplendor generoso de señores.

1621

Al mismo

Ser pudiera tu pira levantada,
De aromátcos leños construida,
Oh Fénix en la muerte, si en la vida
Ave, aun no de sus pies desengañada.
Muere en quietud dichosa y consolada
A la región asciende esclarecida,
Pues de más ojos que desvanecida
Tu pluma fue, tu muerte es hoy llorada.
Purificó el cuchillo, en vez de llama,
Tu ser primero, y gloriosamente
De su vertida sangre renacido,
Alas vistiendo, no de vulgar fama,
De cristiano valor sí, de fe ardiente,
Más deberá a su tumba que a su nido.

1621

Al nacimiento de Cristo Nuestro Señor

Caído se le ha un Clavel
Hoy a la Aurora del seno:
¡Qué glorioso que está el heno,
Porque ha caído sobre él!
Cuando el silencio tenía
Todas las cosas del suelo,
Y, coronada del yelo,
Reinaba la noche fría,
En medio la monarquía
De tiniebla tan cruel,
Caído se le ha un Clavel
Hoy a la Aurora del seno:
¡Qué glorioso que está el heno,
Porque ha caído sobre él!
De un solo Clavel ceñida,
La Virgen, Aurora bella,
Al mundo se lo dio, y ella
Quedó cual antes florida;
A la púrpura caída
Solo fue el heno fiel.
Caído se le ha un Clavel
Hoy a la Aurora del seno:
¡Qué glorioso que está el heno,
Porque ha caído sobre él!
El heno, pues, que fue dino,
A pesar de tantas nieves,
De ver en sus brazos leves
Este rosicler divino
Para su lecho fue lino,
Oro para su dosel.

Caído se le ha un Clavel
Hoy a la Aurora del seno:
¡Qué glorioso que está el heno,
Porque ha caído sobre él!

1621

Al tronco Filis de un laurel sagrado

Al tronco Filis de un laurel sagrado
Reclinada, el convexo de su cuello
Lamía en ondas rubias el cabello,
Lascivamente al aire encomendado.
Las hojas del clavel, que había juntado
El silencio en un labio y otro bello,
Violar intentaba, y pudo hacello,
Sátiro mal de hiedras coronado;
Mas la invidia interpuesta de una abeja,
Dulce libando púrpura, al instante
Previno la dormida zagaleja.
El semidiós, burlado, petulante,
En atenciones tímidas la deja
De cuanto bella, tanto vigilante

1621

En la muerte de una dama portuguesa en Santarén

　　Aljófares risueños de Albiela
　　Al blanco alterno pie fue vuestra risa,
　　En cuantos ya tejió coros Belisa,
　　Undosa de cristal, dulce vihuela;
　　Instrumento hoy de lágrimas, no os duela
　　Su epiciclo, de donde nos avisa
　　Que rayos ciñe, que zafiros pisa,
　　Que sin moverse, en plumas de oro vuela.
　　Pastor os duela amante, que si triste
　　La perdió su deseo en vuestra arena,
　　Su memoria en cualquier región la asiste;
　　Lagrimoso informante de su pena
　　En las cortezas que el alisio viste,
　　En los suspiros cultos de su avena.

1621

De un jabalí que mató en el Pardo el rey Nuestro Señor

    Teatro espacioso su ribera
El Manzanares hizo, verde muro
Su corvo margen, y su cristal puro
Undosa puente a Calidonia fiera.
En un hijo del Céfiro la espera
Garzón real, vibrando un fresno duro,
De quien aun no estará Marte seguro,
Mintiendo cerdas en su quinta esfera.
Ambiciosa la fiera colmilluda,
Admitió la asta, y su más alta gloria
En la deidad solicitó de España.
Muera feliz mil veces, que sin duda
Siglos ha de lograr más su memoria
Que frutos ha heredado la montaña.

1621

Tardándose el conde de Villaflor en volver a don Luis
unos dineros que le había prestado en el juego

    El Conde mi señor se fue a Cherela,
    Lio el volumen y picó el bagaje,
    Segovianos de a ocho, buen viaje,
    Que no os pienso ver más en mi escarcela.
    En lebrel convertidos, o en lebrela,
    Os llevará de la traílla un paje,
    Que en este ya canicular linaje
    Gasta lo que a presbíteros repela.
    Perros vivos al hombre, perros muertos
    Concede a la mujer Su Señoría;
    Bobo he sido en prestarle mi dinero.
    Bien que si los refranes salen ciertos,
    Cuanto más bobo he sido, más espero
    Se me aparecerá santa María.

1621

En el túmulo de las honras del señor rey don Felipe III

    Este funeral trono, que luciente,
A pesar de esplendores tantos, piensa
Fragrante luto hacer la nube densa
De los aromas que lloró el Oriente,
Avaro, niega con rigor decente,
Y ponderoso oprime sin ofensa
En breve, mas real polvo la inmensa
Jurisdicción de un cetro, de un tridente.
Ley de ambos mundos, freno de ambos mares,
Rey, pues, tanto, que en África dio almenas
A sus pendones, y a su Dios, altares;
Que las reliquias expelió agarenas
De nuestros ya de hoy más seguros lares,
Rayos ciñe en regiones más serenas.

1621

En la enfermedad de que murió el señor rey don Felipe
III

    Los rayos que a tu padre son cabello,
Barba, Esculapio, a ti peinas en oro;
Tu facultad en lira humilde imploro,
Dicte números Clío para ello.
Asiste al que dos mundos, garzón bello,
Veneran Rey, y yo deidad adoro;
Purpureará tus aras blanco toro
Que ignore el yugo su lozano cuello.
Piedras lavó ya el Ganges, yerbas Ida
Escondió a otros la de tu serpiente,
O más limada hoy o más lamida;
En polvo, en jugo virtuosamente
Soliciten salud, produzcan vida;
Humano primer Fénix siglos cuente.

1621

En la muerte de don Rodrigo Calderón

Sella el tronco sangriento, no lo oprime,
De aquel dichosamente desdichado,
Que de las inconstancias de su hado
Esta pizarra apenas le redime;
Piedad común, en vez de la sublime
Urna que el escarmiento le ha negado,
Padrón le erige en bronce imaginado,
Que en vano el tiempo las memorias lime.
Risueño con él, tanto como falso,
El tiempo, cuatro lustros en la risa,
El cuchillo quizá envainaba agudo.
Del sitial después al cadalso
Precipitado, ¡oh cuánto nos avisa!,
¡Oh cuánta trompa es su ejemplo mudo!

1621

De las muertes de don Rodrigo Calderón, del conde de
    Villamediana y conde de Lemus

    Al tronco descansaba de una encina
    Que invidia de los bosques fue lozana,
    Cuando segur legal una mañana
    Alto horror me dejó con su ruina.
    Laurel que de sus ramas hizo dina
    Mi lira, ruda sí, mas castellana,
    Hierro luego fatal su pompa vana
    (Culpa tuya, Calíope) fulmina.
    En verdes hojas cano el de Minerva
    Árbol culto, del Sol yace abrasado,
    Aljófar, sus cenizas, de la yerba.
    ¡Cuánta esperanza miente a un desdichado!
    ¿A qué más desengaños me reserva,
    A qué escarmientos me vincula el hado?

1622

Del conde de Villamediana, prevenido para ir a
   Nápoles con el duque de Alba

   El Conde mi señor se va a Nápoles;
   Con el gran Duque. Príncipes, a Dío;
   De acémilas de haya no me fío,
   Fanales sean sus ojos o faroles.
   Los más carirredondos girasoles
   Imitará siguiéndoos mi albedrío,
   Y en vuestra ausencia, en el puchero mío
   Será un torrezno la Alba entre las coles.
   En sus brazos Parténope festiva,
   De aplausos coronado Castilnovo,
   En clarines de pólvora os reciba;
   De las orejas yo teniendo al lobo,
   Incluso esperaré en cualque misiva
   Beneficio tan simple, que sea bobo.

   1622

Acredita la esperanza con historias sagradas

Cuantos forjare más hierros el hado
A mi esperanza, tantos oprimido
Arrastraré cantando, y su ruido
Instrumento a mi voz será acordado.
Joven mal de la invidia perdonado,
De la cadena tarde redimido,
De quien por no adorarle fue vendido,
Por haberle vendido fue adorado.
¿Qué piedra se le opuso al soberano
Poder, calificada aun de real sello,
Que el remedio frustrase del que espera?
Conducido alimenta, de un cabello,
Uno a otro profeta. Nunca en vano
Fue el esperar, aun entre tanta fiera.

1623

Al excelentísimo señor el conde duque

En la capilla estoy, y condenado
A partir sin remedio desta vida;
Siento la causa aun más que la partida,
Por hambre expulso como sitiado.
Culpa sin duda es ser desdichado;
Mayor, de condición ser encogida.
De ellas me acuso en esta despedida,
Y partiré a lo menos confesado.
Examine mi suerte el hierro agudo,
Que a pesar de sus filos me prometo
Alta piedad de vuestra excelsa mano.
Ya que el encogimiento ha sido mudo,
Los números, Señor, deste soneto
Lenguas sean y lágrimas no en vano

1623

Al marqués de Velada, herido de un toro que mató
    luego a cuchilladas

   Con razón, gloria excelsa de Velada.
   Te admira Europa, y tanto, que celoso
   Su robardor mentido pisa el coso,
   Piel este día, forma no alterada.
   Buscó tu fresno, y extinguió tu espada
   En su sangre su espíritu fogoso:
   Si de tus venas ya lo generoso
   Poca arena dejó calificada.
   Lloró su muerte el Sol, y del segundo
   Lunado signo su esplendor vistiendo,
   A la satisfacción se disponía;
   Cuando el monarca deste y de aquel mundo
   Dejar te mandó el circo, previniendo
   No acabes dos planetas en un día.

   1623

Dilatándose una pensión que pretendía

Camina mi pensión con pies de plomo,
El mío, como dicen, en la huesa;
A ojos yo cerrados, tenue o gruesa,
Por dar más luz al mediodía la tomo.
Merced de la tijera a punta o lomo
Nos conhorta aun de murtas una mesa;
Ollai la mejor voz es portuguesa,
Y la mejor ciudad de Francia, Como.
No más, no, borceguí; mi chimenea,
Basten los años que ni aun breve raja
De encina la perfuma o de aceituno.
¡Oh cuánto tarda lo que se desea!
Llegue; que no es pequeña la ventaja
Del comer tarde al acostarse ayuno.

1623

De la ambición humana

Mariposa, no solo no cobarde,
Mas temeraria, fatalmente ciega,
Lo que la llama al Fénix aun le niega,
Quiere obstinada que a sus alas guarde,
Pues en su daño arrepentida tarde,
Del esplendor solicitada, llega
A lo que luce, y ambiciosa entrega
Su mal vestida pluma a lo que arde.
Yace gloriosa en la que dulcemente
Huesa le ha prevenido abeja breve,
¡Suma felicidad a yerro sumo!
No a mi ambición contrario tan luciente,
Menos activo sí, cuanto más leve,
Cenizas la hará, si abrasa el humo.

1623

De la brevedad engañosa de La vida

Menos solicitó veloz saeta
Destinada señal, que mordió aguda;
Agonal carro en la arena muda
No coronó con más silencio meta,
Que presurosa corre, que secreta,
A su fin nuestra edad. a quien lo duda
(Fiera que sea de razón desnuda)
Cada Sol repetido es un cometa.
Confiésalo Cartago, ¿y tú lo ignoras?
Peligro corres, Licio, si porfías
En seguir sombras y abrazar engaños.
Mal te perdonarán a ti las horas,
Las horas que limando están los días,
Los días que royendo están los años.

1623

De la esperanza

Sople rabiosamente conjurado
Contra mi leño el Austro embravecido,
Que me ha de hallar el último gemido,
En vez de tabla, al áncora abrazado.
¿Qué mucho, si del mármol desatado
Deidad no ingrata la esperanza ha sido
En templo que de velas hoy vestido
Se venera, de mástiles besado?
Los dos lucientes ya del cisne pollos,
De Leda hijos, adoptó: mi entena
Lo testifique dellos ilustrada.
¿Qué fuera del cuitado, que entre escollos,
Que entre montes, que cela el mar, de arena,
Derrotado seis lustros ha que nada?

1623

Determinado a dejar sus pretensiones y volverse a
           Córdoba

De la Merced, Señores, despedido,
Pues lo ha querido así la suerte mía,
De mis deudos iré a la Compañía,
No poco de mis deudas oprimido.
Si haber sido del Carmen culpa ha sido,
Sobra el que se me dio hábito un día:
Huélgome que es templada Andalucía,
Ya que vuelvo descalzo al patrio nido.
Mínimo, pues, si capellán indino
Del mayor Rey, Monarca al fin de cuanto
Pisa el Sol, lamen ambos oceanos,
La fuerza obedeciendo del destino,
El cuadragesimal voto en tus manos,
Desengaño haré, corrector santo.

1623

Infiere, de los achaques de la vejez, cercano el fin a que, católico, se alienta

En este occidental, en este, oh Licio,
Climatérico lustro de tu vida,
Todo mal afirmado pie es caída,
Toda fácil caída es precipicio.
¿Caduca el paso? Ilústrese el juicio.
Desatándose va la tierra unida;
¿Qué prudencia, del polvo prevenida,
La ruina aguardó del edificio?
La piel no solo sierpe venenosa,
Mas con la piel los años se desnuda,
Y el hombre, no. ¡Ciego discurso humano!
¡Oh aquel dichoso, que, la ponderosa
Porción depuesta en una piedra muda,
La leve da al zafiro soberano!

1623

Oro no rayó así flamante grana

Oro no rayó así flamante grana
Como vuestra purpúrea edad ahora
Las dos que admitió estrellas vuestra aurora,
Y soles expondrá vuestra mañana.
Ave (aunque muda yo) émula vana
De la más culta, de la más canora,
En este, en aquel sauce que decora
Verdura sí, bien que verdura cana,
Insinuaré vuestra hermosura: cuanta
Contiene vuestro albor, y dulce espera
En horas no caducas vuestro día.
Responda, pues, mi voz a beldad tanta;
Mas no responderá, aunque Apolo quiera,
Que la beldad es vuestra, la voz mía.

1623

De la jornada que su majestad hizo a Andalucía

　　Los días de Noé bien recelara
　　Si no hubiera, Señor, jurado el cielo
　　En su arco tu piedad, o hubiera el hielo
　　Dejado al arca ondas que surcara.
　　Denso es mármol la que era fuente clara
　　A ninfa que peinaba undoso pelo;
　　Montes coronan de cristal el suelo;
　　Atado el Betis a su margen para.
　　A inclemencias, pues, tantas no perdona
　　El Fénix de Austria, al mar fiando, al viento,
　　No aromáticos leños, sino alados.
　　Aun a tu Iglesia más que a su corona
　　Importan sus progresos acertados:
　　Serena aquel, aplaca este elemento.

1624

Del casamiento que pretendió el príncipe de Gales con
la serenísima infanta María, y de su venida

    Undosa tumba da al farol del día
    Quien ya cuna le dio a la hermosura,
    Al Sol que admirará la edad futura,
    Al esplendor augusto de María.
    Real, pues, ave, que la región fría
    De Arcturo corona, esta luz pura
    Solicita no solo, más segura
    A tanta lumbre vista y pluma fía.
    Bebiendo rayos en tan dulce esfera,
    Querrá el Amor, querrá el cielo, que cuando
    El luminoso objeto sea consorte,
    Entre castos afectos verdadera
    Divina luz su ánimo inflamado,
    Fénix renazca a Dios, si águila al Norte.

1624

Casado el otro se halla

Casado el otro se halla
Con la del cuerpo bellido,
De quien perdonado ha sido
Por ser don Sancho que calla.
Los ojos en la muralla,
Su real ve acrescentado
De uno y otro que entra armado,
Y sale sin alborozo
Por aquel postigo mozo
Que nunca fuera cerrado.

1624

Coda

Ansares de Menga

Ánsares de Menga
Al arroyo van:
Ellos visten nieve,
Él corre cristal.
El arroyo espera
Las hermosas aves,
Que cisnes suaves
Son de su ribera;
Cuya Venus era
Hija de Pascual.
Ellos visten nieve,
Él corre cristal.
Pudiera la pluma
Del menos bizarro
Conducir el carro
De la que fue espuma.
En beldad, no en suma,
Lucido caudal,
Ellos visten nieve,
Él corre cristal.
Trenzado el cabello
Los sigue Minguilla,
Y en la verde orilla
Desnuda el pie bello,
Granjeando en ello
Marfil oriental
Ellos—(los que)—visten nieve,
Él corre cristal.
La agua apenas trata
Cuando dirás que

Se desata el pie,
Y no se desata,
Plata dando a plata
Con que, liberal,
Los viste de nieve,
Le presta cristal.

El sastre

De mi sastre en el hurtar
La mano es tan singular,
Que si cae la tela en ella
Cuando la empieza a doblar,
Ya puedo doblar por ella.
Y cuando pasa a trazar
La tela ya referida,
No hay como verle sacar
La medida para hurtar,
Cuando él hurta sin medida.

Mamóla

El que a su mujer procura
Dar remedio al mal de madre,
Y ve que no la comadre
Sino que el Cura la cura,
Si piensa que el Padre Cura
Trae la virtud en la estola,
Mamóla.
Soldado que de la armada
Partió a casarse doncel
Con la que lo es menos que él
(Aunque mucho más soldada),
Si la vitoria ganada
Atribuye a la pistola,
Mamóla.
La dama que llama el paje
Dejó en la cama a su esposo
Y le halló, de celoso,
Más helado que el potaje;
Si ella dijo era mensaje
De su madre, y él creyóla,
Mamóla.
Si abierta la puerta tiene
Todo el año la casada,
No es bien la halle cerrada
El marido cuando viene;
Y si en abrir se detiene
Y piensa que estaba sola,
Mamóla.
El padre que no replica
Viendo gastar a las hijas

Galas, copete y sortijas,
Desde la grande a la chica,
Si piensa no usan de pica
Cuando ya saben de gola,
Mamóla.
El que da mil alabanzas
A su mujer, porque sabe
Hacer con estremo grave
Mil diferencias de danzas,
Si el que pagó estas mudanzas
Piensa no hizo cabriola,
Mamóla.
Si piensa el que vio amarilla
A su dama de contino,
Cuando el rojo sobrevino
En una y otra mejilla,
Que no es ajena semilla
La que causa esta amapola,
Mamóla.
La dama que en su retrete
Solo al tenderete juega,
Y para jugarlo alega
Ser la cama buen bufete,
Si piensa que el «tenderete»
No es juego de pirinola,
Mamóla.
Si piensa el que a doña Inés
En conversación la halló,
Donde solo se trató
De la toma de Calés,
Que no fue sarao francés
Ni acabó en justa española,

Mamóla.
El que, por más que espolee,
No endereza el acicate
(Quizá porque mejor bate
Otro el vientre), si no cree
Que, porque no se mosquee,
Le han castigado la cola,
Mamóla.

Frescos airecillos

Frescos airecillos,
Que a la Primavera
Le tejéis guirnaldas
Y esparcís violetas,
Ya que os han tenido
Del Tajo en la vega
Amorosos hurtos
Y agradables penas,
Cuando del estío
En la ardiente fuerza
Álamos os daban
Frondosas defensas;
Álamos crecidos
De hojas inciertas,
Medias de esmeraldas,
Y de plata medias;
De donde a las ninfas
Y a las zagalejas
Del sagrado Tajo
Y de sus riberas
Mil veces llamastes
Y vinieron ellas
A ocupar del río
Las verdes cenefas;
Y vosotros luego
Calándoos apriesa
Con lascivos soplos
Y alas lisonjeras,
Sueño les trajistes
Y descuido a vueltas,

Que en pago os valieron
Mil vistas secretas,
Sin tener del velo
Envidia ni queja,
Ni andar con la falda
Luchando por fuerza;
Ahora, pues, aires,
Antes que las sierras
Coronen sus cumbres
De confusas nieblas,
Y que el Aquilón
Con dura inclemencia
Desnude las plantas,
Y vista la tierra
De las secas hojas,
Que ya fueron tregua
Entre el Sol ardiente
Y la verde yerba;
Y antes que las nieves
Y el hielo conviertan
En cristal las rocas,
En vidrio las selvas,
Batid vuestras alas,
Y dad ya la vuelta
Al templado seno
Que alegre os espera.
Veréis de camino
Una Ninfa bella,
Que pisa orgullosa
Del Betis la arena,
Montaraz, gallarda,
Temida en la sierra

Más por su mirar
Que por sus saetas;
Ahora la halléis
Entre la maleza
Del fragoso monte
Siguiendo las fieras;
Ahora en el llano
Con planta ligera
Fatigando al corzo,
Que herido vuela;
Ahora clavando
La armada cabeza
Del antiguo ciervo
En la encina vieja;
Cuando ya cansada
De la caza vuelva
A dejar al río
El sudor en perlas;
Y al pie se recueste
De la dura peña,
De quien ella toma
Lección de dureza;
Llegaos a orealla,
Pero no muy cerca,
Que lleváis suspiros
Y ha corrido ella.
Si está calurosa,
Soplad desde afuera,
Y cuando la ingrata
Mejor os entienda,
Decidle, airecillos:
«Bellísima Leda,

Gloria de los bosques,
Honor de la aldea,
Enfermo Daliso
Junto al Tajo queda
Con la muerte al lado
Y en manos de ausencia;
Suplícate humilde
Antes que le vuelvan
Su fuego en ceniza,
Su destierro en tierra,
En premio glorioso
De su amor, merezca,
Ya que no suspiros,
A lo menos letra
Con la punta escrita
De tu aguda flecha,
En el campo duro
De una dura peña
(Porque no es razón
Que razón se lea
De mano tan dura
En cosa más tierna),
Adonde le digas:
—Muere allá, y no vuelvas
A adorar mi sombra
Y a arrastrar cadenas—.»

Oh qué bien que baila Gil

¡Oh qué bien que baila Gil,
Con las mozas de Barajas,
La chacona a las sonajas,
Y el villano al tamboril!
Fue a Madrid por san Miguel
Y el demonio se soltó,
Que chaconera volvió,
Si iba villano él.
Salgan cuatrocientas mil
Que con todas se hará rajas.
La chacona a las sonajas
Y el villano al tamboril.
Un olmo, que el son agudo
En medio el ejido oyó,
Con las hojas le bailó,
Ya que con el pie no pudo.
Con airecillo sutil
Las altas movió y las bajas.
La chacona a las sonajas
Y el villano al tamboril
Baile tan extraordinario
Nadie le ha visto de balde;
Varas le costó al Alcalde
Y bodigos al Vicario;
El capón del Alguacil
Ha gastado sus alhajas.
La chacona a las sonajas
Y el villano al tamboril.

Lloraba la niña

Lloraba la niña
(Y tenía razón)
La prolija ausencia
De su ingrato amor.
Dejóla tan niña,
Que apenas creo yo
Que tenía los años
Que ha que la dejó.
Llorando la ausencia
Del galán traidor,
La halla la Luna
Y la deja el Sol,
Añadiendo siempre
Pasión a pasión,
Memoria a memoria,
Dolor a dolor.
Llorad, corazón,
Que tenéis razón.
Dícele su madre:
«Hija, por mi amor,
Que se acabe el llanto,
O me acabe yo.»
Ella le responde:
«No podrá ser, no:
Las causas son muchas,
Los ojos son dos.
Satisfagan, madre,
Tanta sinrazón,
Y lágrimas lloren
En esta ocasión,

Tantas como dellos
Un tiempo tiró
Flechas amorosas
El arquero dios.
Ya no canto, madre,
Y si canto yo,
Muy tristes endechas
Mis canciones son;
Porque el que se fue,
Con lo que llevó,
Se dejó el silencio,
Y llevó la voz.»
Llorad, corazón,
Que tenéis razón.

Luto poético

Por una negra señora
Un negro galán doliente
Negras lágrimas derrama
De un negro pecho que tiene.
Hablóla una negra noche,
Y tan negra, que parece
Que de su negra pasión
El negro luto le viene.
Lleva una negra guitarra,
Negras las cuerdas que tiene,
Negras también las clavijas,
Pues negro es el que las tuerce.
—«Negras pascuas me dé Dios,
Si más negros no me tienen
Los negros amores tuyos
Que el negro color de allende.
»Un negro favor te pido,
Si negros favores vendes,
Y si con negros favores
Un negro pagarse debe.»
La negra señora entonces,
Entafada del negrete,
Con estas negras razones
Al galán negro entristece:
—«Vaya muy en hora negra
El negro que tal pretende,
Que para galanes negros
Se hicieron negros desdenes.»
El negro señor entonces,
No queriendo ennegrecerse

Más de lo negro, quitóse
El negro sombrero y fuese.

No vayas, Gil, al Sotillo

No vayas, Gil, al Sotillo
Que yo sé
Quien novio al Sotillo fue,
Que volvió después novillo.
Gil, si es que al Sotillo vas,
Mucho en la jornada pierdes;
Verás sus álamos verdes,
Y alcornoque volverás;
Allá en el Sotillo oirás
De algún ruiseñor las quejas,
Yo en tu casa a las cornejas,
Y ya tal vez al cuclillo.
No vayas, Gil, al Sotillo,
Que yo sé
Quien novio al Sotillo fue,
Que volvió después novillo.
Al Sotillo floreciente
No vayas, Gil, sin temores,
Pues mientras miras sus flores,
Te enraman toda la frente;
Hasta el agua transparente
Te dirá tu perdición,
Viendo en ella tu armazón,
Que es más que la de un castillo.
No vayas, Gil, al Sotillo
Que yo sé
Quien novio al Sotillo fue,
Que volvió después novillo.
Mas si vas determinado,
Y allá te piensas holgar,

Procura no merendar
Desto que llaman venado;
De aquel vino celebrado
De Toro no has de beber,
Por no dar en que entender
Al uno y otro corrillo.
No vayas, Gil, al Sotillo
Que yo sé
Quien novio al Sotillo fue,
Que volvió después novillo.

Libros a la carta

A la carta es un servicio especializado para
empresas,
librerías,
bibliotecas,
editoriales
y centros de enseñanza;
y permite confeccionar libros que, por su formato y concepción, sirven a los propósitos más específicos de estas instituciones.

Las empresas nos encargan ediciones personalizadas para marketing editorial o para regalos institucionales. Y los interesados solicitan, a título personal, ediciones antiguas, o no disponibles en el mercado; y las acompañan con notas y comentarios críticos.

Las ediciones tienen como apoyo un libro de estilo con todo tipo de referencias sobre los criterios de tratamiento tipográfico aplicados a nuestros libros que puede ser consultado en Linkgua-ediciones.com.

Linkgua edita por encargo diferentes versiones de una misma obra con distintos tratamientos ortotipográficos (actualizaciones de carácter divulgativo de un clásico, o versiones estrictamente fieles a la edición original de referencia).

Este servicio de ediciones a la carta le permitirá, si usted se dedica a la enseñanza, tener una forma de hacer pública su interpretación de un texto y, sobre una versión digitalizada «base», usted podrá introducir interpretaciones del texto fuente. Es un tópico que los profesores denuncien en clase los desmanes de una edición, o vayan comentando errores de interpretación de un texto y esta es una solución útil a esa necesidad del mundo académico.

Asimismo publicamos de manera sistemática, en un mismo catálogo, tesis doctorales y actas de congresos académicos, que son distribuidas a través de nuestra Web.

El servicio de «libros a la carta» funciona de dos formas.

1. Tenemos un fondo de libros digitalizados que usted puede personalizar en tiradas de al menos cinco ejemplares. Estas personalizaciones pueden ser de todo tipo: añadir notas de clase para uso de un grupo de estudiantes, introducir logos corporativos para uso con fines de marketing empresarial, etc. etc.

2. Buscamos libros descatalogados de otras editoriales y los reeditamos en tiradas cortas a petición de un cliente.